Alkusanat

Joskus 1980-luvulla kuulin, että asiakas ostaa aina tuotteen hyödyn. Kiinnostuin asiasta ja halusin tietää mitä asiakkaan kokema hyöty on. Ajattelin, että ymmärtämällä mitä asiakas itse asiassa ostaa, voisin kehittää osaamistani myyjänä ja päästä parempiin tuloksiin. Mutta samalla aihe herätti toisen hyvin mielenkiintoisen kysymyksen. Montako hyötyä on olemassa? Onko niitä tuhansia, satoja, kymmeniä vai vähemmän? Niinpä aloin hakea vastauksia alan kirjallisuudesta. Tutustuttuani lukuisiin oppikirjoihin ja artikkeleihin havaitsin, että asiakkaan kokeman hyöty on myynnin ja markkinoinnin keskeisimpiä käsitteitä. Tästä huolimatta en löytänyt tyydyttävää kuvausta mitä asiakkaan kokema hyöty on, enkä vastausta hyötyjen lukumäärään.

Näistä lähtökohdista aloitin selvitystyöni, jonka tulokset jaan nyt kanssasi. Tarkastelen aihetta sekä kuluttajamyynnin että yritysten välisen kaupankäynnin näkökulmasta. Kuluttajat ja yritykset kokevat samoja hyötyjä, mutta hyötyjen lähteissä ja painotuksissa voi olla suuriakin eroja. Myynnissä yrityksille on usein otettava huomioon toimitusketjun toimijoiden monenlaiset tarpeet lopullisten asiakkaiden tarpeiden lisäksi.

Tämä teos on tarkoitettu sinulle, joka haluat saada aikaiseksi parempia tuloksia asiakaslähtöisen viestinnän, argumentoinnin ja toiminnan avulla.

Robert Henriksson
Helsingissä 1.1.2014

Sisällysluettelo

1 Johdanto: Hyöty – itsestään selvä vai vaikeasti määriteltävä käsite?

Tiedämme kaikki mitä hyödyllä tarkoitetaan. Vai tiedämmekö? Kun tätä markkinoinnin ja myynnin keskeistä käsitettä alkaa pohtia syvällisemmin huomaa vähitellen, ettei sen määritteleminen olekaan aivan helppoa. Puhumattakaan tehtävästä laatia kaikenkattavaa listaa hyödyistä.

Tyydytämme tarpeemme ja halumme hyödyillä

> *Hei, lähdetään ostoksille!*
> *Miksi?*
> *Ehkä me löydetään jotakin kivaa, jota me ei vielä tiedetä, että me tarvitaan!*
> *Mutta minä pärjään jo hyvin kaikella mitä minulla on.*
> *Älä ole tylsä!*

Elämme yltäkylläisyydessä. Kun asetamme mittapuuksi hengissä pysyminen, markkinat ovat täynnä tuotteita ja palveluja, joita ilman voisimme selviytyä varsin hyvin. Elintasomme antaa meille mahdollisuuden tyydyttää kaikenlaisia tarpeitamme ja halujamme. Yllä olevasta vuoropuhelusta voimme havaita, että tarpeiden tyydyttämisellä on sekä biologis-fysiologinen että psykologis-sosiologinen ulottuvuus. Yleisesti biologis-fysiologinen ulottuvuus nähdään tarpeina ja psykologis-sosiologinen ulottuvuus haluina. Toisin sanoen ihminen syö elääkseen ja samalla elää syödäkseen.

Kaiketi myös halujen tyydyttäminen on välttämätöntä sekä ominaista ihmisen luonteelle. Rajanveto tarpeiden ja halujen välillä on kuitenkin varsin ongelmallista. Esimerkiksi jo välttämättömän ravinnon maustaminen voidaan tulkita halun tyydyttämisenä. Emme myöskään voi paeta halujamme esimerkiksi ryhtymällä erakoksi jonnekin erämaahan, sillä tämäkin valintamme voidaan tulkita halun tyydyttämisenä. Lisäksi kaikkien tarpeet ja halut voivat muodostaa monisäikeisen vyyhdin, jossa niiden erottaminen toisistaan voi olla peräti mahdotonta. Tulkintaamme vaikuttaa tietysti subjektiivinen arvomaailmamme, joka sekin voi muuttua elämäntilanteemme mukaan. Siksi voi olla vaikeaa löytää tarpeiden ja halujen erolle kaikkia tyydyttävää määritelmää. Mielestäni se ei aina ole tarpeellistakaan. Mutta olipa kysymyksessä tarpeen tai halun tyydyttäminen, emme hanki tuotetta tai palvelua, ellei se tarjoa meille jotakin hyötyä. Vaikkemme aina selvästi tiedosta mitä hyötyä jokin tuote tai palvelu meille tarjoaa.

Olemme monessa asiassa tapojemme orjia, emmekä siksi aina tiedosta syitä päätöksillemme. Ostopäätösten kannalta tuotteet ja palvelut, jotka hankimme pohtimatta sen enempää niiden hyötyjä kuuluvat ns. *Low-Involvement* -ryhmään. Esimerkiksi monet päivittäistavarat kuuluvat tähän ryhmään. Näiden tuotteiden hankinnassa emme uhraa aikaa tai vaivaa valintojemme tekemiseen, vaan toimimme pitkälti tapojemme ja kokemustemme pohjalta. Toisin sanoen toistamme jatkuvasti asioita, jotka olemme joskus oppineet pitämään hyödyllisinä.

Vastaavasti pohdimme enemmän ostopäätöksiämme kun tuleva hankintamme on arvokas, tai kun siihen sisältyy erilaisia epävarmuustekijöitä ja riskejä, tai kun aikaisemmat kokemuksemme tuotteesta ovat huonot. Eli kun hankintaamme sisältyy jonkintasoinen katumuksen mahdollisuus. Tämänkaltaiset hankinnat ovat ns. *High-Involvement* -tuotteita ja palveluja. Näihin kuuluvat esimerkiksi useat kestokulutushyödykkeet ja tietysti investoinnit. Tiedostamme silloin tuotteen tai palvelun hyödyt selkeämmin.

Rajanvedon tekeminen on yhtälailla vaikeaa tehdä *Low-Involvement* ja *High-Involvement* -tuotteiden välille. Rajanveto on tässäkin usein subjektiivista ja voi muuttua tilanteen mukaan. Kaikki tuotteet ja palvelut tarjoavat kuitenkin aina hyötyjä riippumatta mihin ryhmään ne kuuluvat.

Miksi hyödyn ymmärtäminen on tärkeää?

Kirjassaan *Fundamentals of Selling* Charles Futrell[1] esittää seuraavat kolme syytä miksi hyödyn ymmärtäminen on tärkeää.

1. <u>Asiakas ostaa aina tuotteen hyödyn</u> – ei tuotteen ominaisuuksia tai etuja.
2. Esittämällä hyödyn <u>asiakas ymmärtää paremmin miten tuote tyydyttää hänen tarpeensa</u>.
3. Esittämällä tuotteen hyödyt <u>voidaan parantaa myyntiä</u>.

Jos asiakas todella ostaa aina tuotteen tai palvelun hyödyn, niin ymmärtämällä mitä hyöty on ja soveltamalla tätä tietoa voimme olla aina asiakaslähtöisiä. Tämä voi antaa kilpailuetua ja voimme siten saavuttaa parempia tuloksia riippumatta mitä myymme. Mutta mitä kaikkea asiakkaan kokemasta hyödystä olisi hyvä tietää?

Tietysti olisi tärkeää tietää mitä hyödyllä tarkoitetaan. Mutta samalla herää mielenkiintoinen kysymys hyödystä - kuinka monta hyötyä on olemassa? Onko niitä tuhansia, satoja, kymmeniä tai vähemmän? Jos hyötyjä osoittautuisi olevan vähän, ne voitaisiin varmasti kaikki nimetä ja ehkäpä vielä asettaa ryhmiin. Silloin olisi helppoa selvittää mitä hyötyjä eri tuotteet ja palvelut tarjoavat asiakkaille, mutta

---

[1] Charles M. Futrell, amerikkalainen markkinoinnin professori, http://futrell-www.tamu.edu

samalla olisi mahdollista todeta mitä hyötyjä tuotteista tai palveluista puuttuu. Tämä tieto olisi avuksi markkinointiviestin luomisessa ja myyntitaidon kehittämisessä, mutta myös tuotekehittelyssä.

Jos kykenemme esittämään asiakkaallemme tuotteen hyödyt, hän ostaisi suuremmalla todennäköisyydellä tuotteen. Mutta miten varmistamme, että asiakkaamme ostavat tuotteen meiltä eivätkä naapuriliikkeestä, joka myy samoja tuotteita? Toisin sanoen ei riitä, että osaamme esittää asiakkaalle tuotteen antamat hyödyt, vaan meidän on samalla kyettävä toteuttamaan myös sellaisia hyötyjä, jotka saavat mahdollisen asiakkaamme ostaman tuotteen meiltä.

Hyödyn ymmärtäminen voisi antaa myös entistä paremman näkökulman ymmärtää mitä asiakaslähtöisyydellä tarkoitetaan ja miten asiakaslähtöisyys eroaa tuotelähtöisyydestä. Samaten voisimme saada entistä paremman käsityksen mitä lisäarvolla tarkoitetaan ja miten brändi voidaan määritellä.

Miten käsityksemme hyödystä on kehittynyt?

Hyöty on käsitteenä hyvin yleinen kaikilla elämänaloilla. Pohdimme jatkuvasti mitä hyötyä erilaiset asiat meille antavat. Kuitenkin hyödystä löytyy varsin vähän määritelmiä puhumattakaan hyvistä määritelmistä. Ilmeisesti käsitystämme siitä mitä hyödyllä tarkoitetaan, on pidetty ja pidetään edelleen niin itsestään selvänä asiana, ettei siitä ole nähty tarpeellista laatia hyvää määritelmää. Yleinen käsityksemme on, että hyöty on jotakin, jolla on meihin antoisa vaikutus. Esimerkiksi Nykysuomen Sanakirjan mukaan hyöty on se mikä on eduksi. Hyödystä käytetään myös useita synonyymejä. Tavallisin näistä on etu. Muita synonyymejä ovat esimerkiksi ansio, arvo, hyödyllisyys ja voitto.

Markkinointi- ja myyntikirjallisuudessa käsitellään varsin ahkerasti asiakkaan kokemaa hyötyä. 1970-luvulla on kehitetty malleja, joissa hyöty nähdään prosessin tuloksena. Näiden hyötyyn johtavien prosessien lähteenä ovat tuotteen ominaisuudet. Vuonna 1970 Shirley Young ja Barbara Feigin esittivät Hal Leen kehittämän *Grey Benefit Chain* -mallin, jossa ominaisuudet johtavat toiminnallisiin, käytännöllisiin ja tunneperäisiin hyötyihin. Vuonna 1972 Paul E. Green, Yoram Wind ja Arun K. Jain esittivät *Benefit Bundle Analysis* -mallin, jonka avulla voidaan selvittää mitä kaikkia hyötyjä jokin tuote antaa. Vuonna 1976 James H. Myers esitti *Benefit Structure Analysis (BSA)* -mallin, joka on laadittu tuotekehittelyä varten.

Vaikka hyöty on yllämainittujen mallien keskeisin teema, ei yhdessäkään anneta määritelmää hyödystä. Asiakkaan kokeman hyödyn ymmärtämisen kannalta näiden mallien parasta antia on ajatus, että hyöty on prosessin tulos. Hyöty ei synny itsestään, vaan sillä on lähteensä ja lähteet sijaitsevat tuotteen ominaisuuksissa.

Vuonna 1982 Jonathan Gutman[2] julkaisi *Means-End Chain* -mallin. Mallinsa avulla hän pyrkii selvittämään mitä yhteyttä on tuotteen ominaisuuksilla ja asiakkaan päämääräarvoilla (terminal values). Ominaisuuksien ja päämääräarvojen välisen prosessien selvittämisessä käytetään ns. *laddering* kyselytekniikkaa. Asettamalla kysymyksen *"miksi tämä asia on sinulle niin tärkeä?"* pyritään paljastamaan haastateltavan perimmäiset vaikuttimet valintaansa. Siten Gutman ulottaa prosessinsa materialistisesta maailmasta sosiologiaan ja pyrkii löytämään näiden yhteyden. Tämä lienee ensimmäinen malli, jossa esitetään selvä määritelmä asiakkaan kokemasta hyödystä – *"ominaisuuksien toivotut vaikutukset ovat hyötyjä".* Määritelmä noudattaa perinteistä käsitystämme hyödystä ja vahvistaa oletustani, miksei hyödystä ole aikaisemmin esitetty määritelmiä.

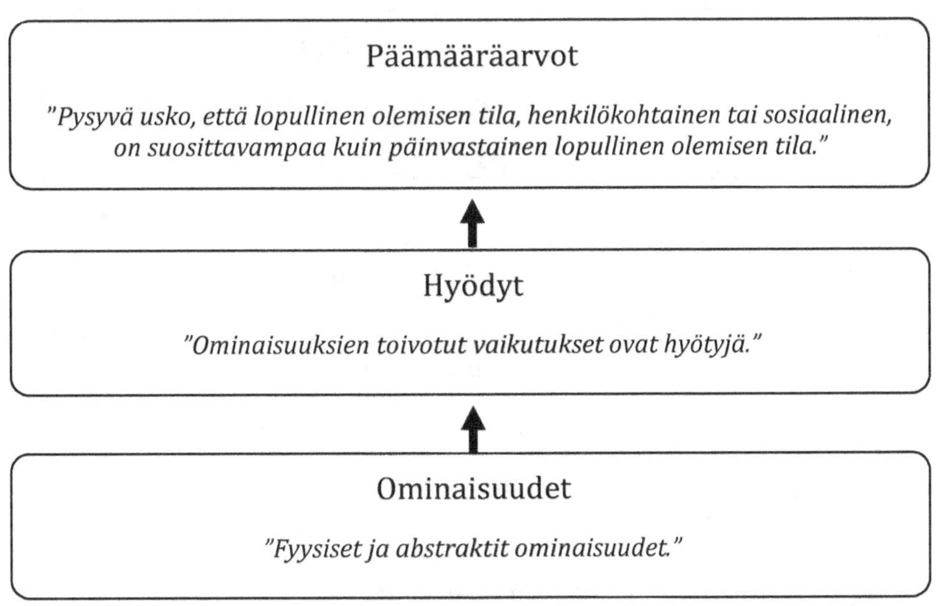

Means-End Chain -mallissa edetään tuotteen ominaisuuksista kohti päämääräarvoja käyttämällä ns. *laddering* kyselytekniikkaa.

Asiakkaan kokemaa hyötyä käytetään myös asiakkaiden segmentoinnissa. Russel Haley, joka tutki ja kehitti jo 1960-luvulla asiakassegmenttejä, pohti vuonna 1983 psykograafisten asiakassegmenttien ongelmallisuutta. Hän totesi segmentoinnin olevan vaikeaa aisteihin perustuvien hyötyjen (*sensory benefits*), tunneperäisten hyötyjen (*emotional benefits*) ja yhteenkuuluvuuden antamien tuntemusten hyötyjen (*affiliative benefits*) osalta. Hän toteaa, ettei aistituntemuksia, tunteita ja yhteenkuuluvuuden tunnetta voida mitata. Mutta Haley, useimpien muiden tutkijoiden tavoin, ei kertaakaan esitä määritelmää hyödystä. Oletan hänenkin käsittävän hyödyn perinteisellä tavalla, eli hyöty on jotakin, jolla on myönteinen vaikutus.

---

[2] Jonathan Gutman, amerikkalainen markkinoinnin professori

Vuonna 1984 amerikkalainen markkinoinnin professori Charles Futrell julkaisi kirjansa *Fundamentals of Selling*, josta on myöhemmin ilmestynyt useita painoksia, viimeisin on päivätty 2006. Tässä myyntitaidon oppikirjassaan Futrell esittää ns. *FAB* -mallin (*Features-Advantages-Benefits*). Tämä malli poikkeaa kiinnostavalla tavalla kaikista aiemmin esitetyistä malleista, sillä Futrell esittää mallissaan käsitteet etu ja hyöty kahtena eri asiana. Mallin prosessi on kolmevaiheinen alkaen tuotteen ominaisuuksista. Seuraavassa vaiheessa ovat tuotteen edut ja kolmannessa tuotteen hyödyt. Futrellin määritelmä hyödystä on sisällöltään aikaisempia hieman yksityiskohtaisempi: *"Hyöty on antoisa tulos, jonka ostaja kokee tuotteen eduista, jotka tyydyttävät ostajan tarpeet"*.

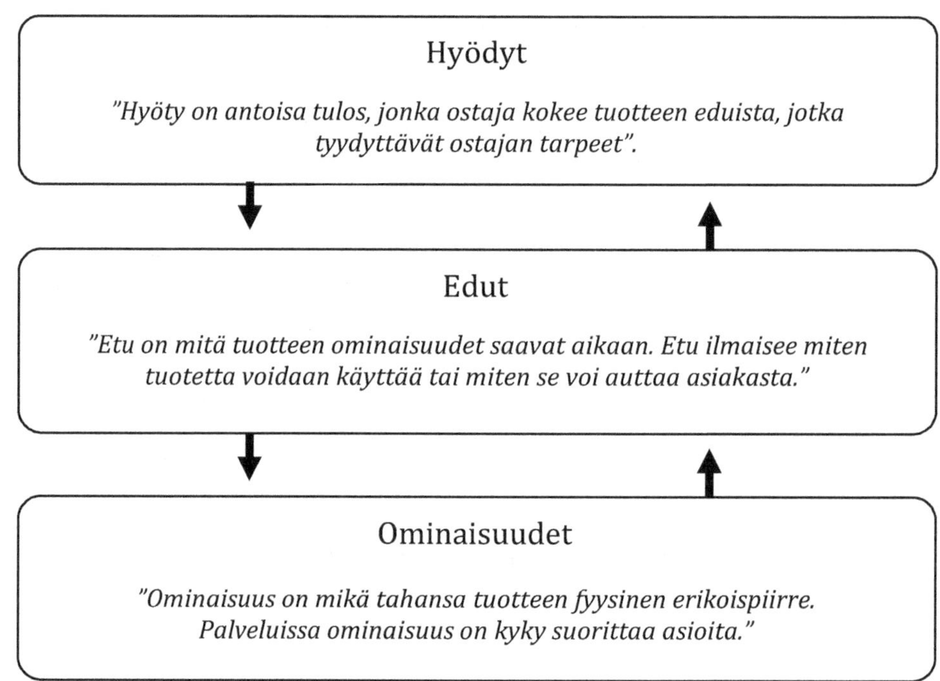

FAB -mallissa edut ja hyödyt ovat kaksi eri käsitettä. Mallia käytetään kaksisuuntaisesti, eli hyödyn selvittämiseen ja hyödyn todistamiseen.

Markkinointikirjallisuudessa esitetään käsite ydinhyöty. Määritelmänsä mukaan tuote tai palvelu sisältää yhden keskeisen hyödyn, jonka vuoksi kuluttaja ostaa tuotteen. Englanninkielisessä markkinointikirjallisuudessa ydinhyödystä käytetään kahta ilmaisua, *Core benefit* ja *Core product.* Seuraavassa on AMA:n (*American Marketing Association*) määritelmä ydinhyödystä.

Ydinhyödyn perinteinen määritelmä

Keskeisin hyöty tai tarkoitus miksi asiakas ostaa tuotteen. Ydintuote vaihtelee ostajalta ostajalle. Ydintuote tai ydinhyöty voi tulla joko aineellisesta tuotteesta tai asiakaspalvelusta, tai laajennetusta tuotteesta.

Mielestäni asiakkaiden ostopäätöksiin vaikuttavat usein samanaikaisesti monet tekijät ja siksi asetun hieman kriittisesti ydinhyödystä esitettyyn ajatukseen. Palaan ydinhyötyyn myöhemmin, jolloin esitän sille aivan toisen määritelmän.

Yhteenvetona voitaneen todeta, että hankintamme lopputulos, eli hyöty on perimmäinen syy miksi ostamme tuotteita ja palveluja. Käsityksestämme hyödyistä voi yleisesti todeta, että arkielämässä hyötyinä pidetään kaikkea millä on meihin antoisa vaikutus. Akateemisissa lähteissä hyödyt nähdään analyyttisesti prosessien tuloksena, joissa hyödyn lähteenä ovat tuotteen ominaisuudet. Mutta kirjallisuudessa esitetyt määritelmät ja esimerkit eivät kerro selvästi mitkä asiat ovat loppujen lopuksi hyötyjä, eivätkä ne anna vastausta kiinnostavaan kysymykseen montako hyötyä on olemassa.

2 Arvot ja hyödyt

Arvomaailman perusteiden osaaminen on välttämätöntä asiakkaitten kokemien hyötyjen ymmärtämiselle. Lähtökohtana voidaan todeta, että omaksumamme arvot ohjaavat sekä käyttäytymistämme että tavoiteasetteluamme. Tulemme pian havaitsemaan millä tavalla nämä molemmat asiat ovat sidoksissa kokemiimme hyötyihin. Rokeach[3] (1973) määrittelee arvon seuraavasti:

Arvon määritelmä

Arvo on pysyvä usko, että erityinen käyttäytyminen, tai olemisen lopullinen tila, henkilökohtainen tai sosiaalinen, on suositeltavampaa verrattuna päinvastaiseen käyttäytymiseen, tai olemisen lopulliseen tilaan.

Rokeachin mukaan kaikilla ihmisillä on arvoja, jotka alati ohjaavat valintojamme. Käyttäytymistämme ei kuitenkaan ohjaa pelkästään yksi arvo, vaan kaikki omaksumamme arvot, jotka muodostavat ns. arvojärjestelmän. Jokaisella ihmisellä on oma arvojärjestelmänsä. Arvojärjestelmämme ei ole täysin muuttumaton, vaan voi muuttua kokemustemme ja elämäntilanteemme mukaan.

Päämääräarvot ja välinearvot

Arvomme voidaan jakaa kahteen ryhmään, päämääräarvoihin ja välinearvoihin. Päämääräarvot ovat olemisemme lopullinen tavoite ja tila. Ne voivat olla henkilökohtaisia tai sosiaalisia. Molemmissa tapauksissa päämääräarvot ovat myönteisiä tunteita, joita haluamme mielellämme kokea. Voimme saavuttaa päämääräarvot noudattamalla välinearvoja, eli käyttäytymällä tavalla, jonka myös kanssaihmisemme kokevat hyvänä tapana käyttäytyä. Toisin sanoen päämääräarvot ovat välinearvojen noudattamisesta saavutettu palkinto, joka ilmenee myönteisenä tunteena.

---

[3] Milton Rokeach (1918-1988), amerikkalainen sosiaalipsykologian professori.

Alla olevassa taulukossa ovat Rokeachin (1973) esittämät päämääräarvot. Niitä on 18 kappaletta.

Päämääräarvot – "olemisen lopullinen tavoite ja tila"
Mukava elämä (hyvin järjestetty elämä)
Jännittävä elämä (virkistävä, aktiivinen elämä)
Täyttymisen tunne (kestävä kannatus)
Viisaus (syvällinen ymmärrys elämästä)
Sisäinen tasapaino (ei sisäisiä ristiriitoja)
Tasavertaisuus (veljeys, kaikilla samat mahdollisuudet)
Onnellisuuden tunne (tyytyväisyys)
Vapaus (itsenäisyys, oikeus valita vapaasti)
Tyytyväisyys (nautinnollinen, leppoisa elämä)
Kaunis maailma (kaunisluonto ja taide)
Maailmanrauha (ei sotia eikä selkkauksia)
Kansallinen turvallisuus (turva hyökkäyksiltä)
Perheen turvallisuus (lähimmäisistä huolehtiminen)
Itsekunnioitus (itsetunto)
Sosiaalinen hyväksyminen (kunnioitus, ihailu)
Vapahdus (pelastus, ikuinen elämä)
Todellinen ystävyys (läheinen toveruus)
Kypsä rakkaus (seksuaalinen ja henkinen läheisyys)

Alla olevassa taulukossa ovat Rokeachin esittämät välinearvot. Niitäkin on 18 kappaletta.

Välinearvot – "käyttäytyminen"
Kunnianhimoinen (ahkera, eteenpäin pyrkivä)
Avarakatseinen (ennakkoluuloton)
Taitava (osaava, tehokas)
Iloinen (avomielinen, ilomielinen)
Puhdas (siisti, siivottu)
Rohkea (pysyy uskossaan)
Anteeksiantava (valmis antamaan muille anteeksi)
Avulias (tekee muiden hyväksi)
Rehellinen (vilpitön, totuudenmukainen)
Mielikuvituksellinen (uskalias, luova)
Itsenäinen (luottavainen, omavarainen)
Älyllinen (älykäs, harkitseva)
Looginen (johdonmukainen, järkiperäinen)
Rakastava (uskollinen, hellä)
Tottelevainen (velvollisuudentunteinen, kunnioittava)
Kohtelias (huomaavainen, hyvin kasvatettu)
Vastuullinen (sanansa pitävä, luotettava)
Itsensä hallitseva (hillitsee itsensä, itsekuri)

Välinearvot voidaan jakaa kahteen ryhmään – moraaliarvoihin ja osaamisarvoihin. Näiden välisen eron voi havaita mielenkiintoisella tavalla. Jos emme noudata jotakin arvojärjestelmämme välinearvoa ja saamme sen seurauksena huonon omatunnon, kysymyksessä on moraaliarvo. Kun koemme häpeän tunteen, kysymyksessä on osaamisarvo. Jollemme koe kumpaakaan, ilmeisesti kyseinen välinearvo ei kuulu arvojärjestelmäämme.

Päämääräarvot ovat hyötyjä

Kuten totesin aikaisemmin, päämääräarvot ovat myönteisiä tunteita, joita haluamme mielellämme kokea. Voimme saavuttaa päämääräarvot noudattamalla välinearvoja, eli käyttäytymällä tavalla, jonka myös muut kokevat hyvänä tapana käyttäytyä.

Mutta voimme tavoittaa samoja myönteisiä tunteita muullakin tavalla kuin hyvän käytöksemme kautta – ostamalla ja kuluttamalla. Kaikki hyödykkeet, joihin kulutamme rahojamme herättävät meissä myönteisiä tunteita. Jo ostoprosessi sinänsä voi synnyttää myönteisiä tunteita. Eli voimme saavuttaa päämääräarvoja sekä materialistisen että sosiaalisen toiminnan kautta. Näiden vaihtoehtojen eroa kuvaa vanha viisaus, että hyvä käyttäytyminen ei maksa mitään, mutta myönteisten tunteiden saavuttaminen kulutuksen kautta edellyttää aina varoja.

<u>Esitän, että päämääräarvot ovat hyötyjä. Tämä on selvitystyöni keskeisin sanoma.</u> Tulkitsen, että päämääräarvot, eli hyödyt ovat aina myönteisiä tunnetiloja. Haluan myös tehdä muutamia lisätulkintoja.

1. Päämääräarvot voidaan jakaa kahteen ryhmään niiden ilmentymisjärjestyksen mukaan. Toinen ryhmä koostuu päämääräarvoista, jotka saavutamme ensin. Ilman näiden saavuttamista emme voi saavuttaa toisen ryhmän päämääräarvoja. Näihin jälkimmäisiin päämääräarvoihin, joita esitän myöhemmin ydinhyötyinä kuuluvat sisäisen tasapainon, tyytyväisyyden ja onnellisuuden tunteet.
2. Koska asiayhteytemme on kaupallinen, suljen pois hyödyistä kolme päämääräarvoa. Rahalla emme saa vapahdusta, todellista ystävyyttä emmekä rakkautta. Toki näitä on kaupan ja tulee olemaan kaupan tulevaisuudessakin, mutta tuotteina tai palveluina niistä puuttuu kaivatun tunteen aitous. Lisäksi niiden kaupallistamiseen liittyy epäeettisiä ja jopa laittomia asioita. Toisaalta vapahdus, todellinen ystävyys ja rakkaus ovat usein välttämättömiä ydinhyötyjen saavuttamiseksi.
3. Esitän, että ilon tunne, jonka Rokeach on määritellyt välinearvona, on myös päämääräarvo. Eli ilon tunne on sekä välinearvo että päämääräarvo.

Voimme ilomielisellä käyttäytymisellämme saada muutkin iloiselle mielelle. Ilon sanotaankin olevan tarttuvaa.

4. Rokeach on erotellut turvallisuuden tunteen kolmeen ulottuvuuteen, maailmanrauhaan, kansallinen turvallisuuteen ja perheen turvallisuuteen. Turvallisuuden tunne on kaikille kolmelle yhteinen nimittäjä. Siten nämä kaikki voidaan yhdistää turvallisuuden tunteeseen.

5. Itsetunto sisältyy kahteen päämääräarvoon, itsekunnioitukseen ja sosiaaliseen hyväksymiseen. Ensimmäisessä on kysymys itsetunnon sisäisestä ulottuvuudesta ja toisessa ulkoisesta ulottuvuudesta. Toisin sanoen yhdistän nämä kaksi.

6. Kaunis maailma (kaunis luonto ja taide) päämääräarvona viittaa moniin asioihin, joista voimme nauttia aistiemme kautta. Siksi tarkennan aihetta ja korvaan otsikon nautinnon tunteella.

Mainittujen tulkintojen perustelujen mukaisesti päädymme seuraaviin asiakkaan kokemiin kolmeen ydinhyötyyn ja kymmeneen hyötyyn. Sekä kolmeen päämääräarvoon, joita ei voida kaupallistaa. Olen myös lisännyt taulukkoon tulkintani tunteen henkilökohtaisesta ja sosiaalisesta ulottuvuudesta.

Ydinhyödyt	Ulottuvuus
Tyytyväisyyden tunne	Henkilökohtainen
Sisäisen tasapainon tunne	Henkilökohtainen
Onnellisuuden tunne	Henkilökohtainen
Asiakkaan kokemat hyödyt	**Ulottuvuus**
Viisauden tunne	Henkilökohtainen
Mukavuuden tunne	Henkilökohtainen
Täyttymisen tunne	Henkilökohtainen
Turvallisuuden tunne	Henkilökohtainen/sosiaalinen
Tasavertaisuuden tunne	Sosiaalinen
Jännityksen tunne	Henkilökohtainen
Nautinnon tunne	Henkilökohtainen
Vapauden tunne	Henkilökohtainen
Ilon tunne	Henkilökohtainen
Itsetunto	Henkilökohtainen/sosiaalinen
Ei kaupalliset päämääräarvot	**Ulottuvuus**
Rakkauden tunne	Henkilökohtainen/sosiaalinen
Vapahduksen tunne	Henkilökohtainen
Todellisen ystävyyden tunne	Henkilökohtainen/sosiaalinen

Seuraavassa kuvailen hyötyjä. Ydinhyötyihin palaan hieman myöhemmin.

Viisauden tunne

Koemme viisauden tunteen, kun saavutamme tavoitteemme tuhlaamatta voimavarojamme. Vastaavasti kadumme tekojamme, jos valintamme ja päätöksemme osoittautuvat harkitsemattomiksi tai peräti tyhmiksi. Kuluttajan katumusta kutsutaan osuvasti *"ostokrapulaksi"*. Monet yritykset tuntevat viisauden tunteen merkityksen. Esimerkiksi Anttilan mainoksissa todetaan *"viisas raha ostaa Anttilasta – ole viisas, tule nyt Anttilaan"*. Gigantti-ketju toteaa vuorostaan *"se nyt vain on tyhmää maksaa liikaa"*. Vastaavia vetoomuksia asiakkaan viisauden tunteeseen löytyy monista muistakin mainoksista. Mutta tässä on todettava, että tuhlaamme myös varojamme, jos hankimme tuotteen, jonka käyttöikä tai -kulut eivät ole odotustemme mukaisia. Toisin sanoen, tuotteen kestävyys ja pienet käyttökulut liittyvät myös viisauden tunteeseen. Sanotaankin, ettei köyhällä ole varaa ostaa huonoa. Kalliimman mutta kestävämmän tai käyttökustannuksiltaan edullisemman tuotteen hankinta voi olla kokonaisedullisin vaihtoehto. Eli hinnaltaan halvimman vaihtoehdon valitseminen ei aina ole viisain teko.

Mukavuuden tunne

Mukavuuden tunteeseen liittyy kolme ulottuvuutta. Ensinnäkin voimme kokea mukavuuden tunteen, kun jokin asia on helppoa suorittaa tai joku muu toteuttaa sen puolestamme. Myös kun sen suorittaminen voidaan tehdä nopeasti. Esimerkiksi tuotteen on oltava helppo hankkia. *"Tee asia asiakkaallesi helpoksi"* on tuttu ohjenuora markkinoinnissa ja myyntityössä. Myös *"to go the extra mile"* on varmasti tuttu ohje monille myyjille. Toiseksi voimme kokea mukavuuden tunteen, kun jokin asia on meille ergonomisesti juuri sopiva. Tai kun tuotteen asentaminen, säätäminen ja käyttäminen ovat helppoa ja nopeaa. Mukavuuden tunne liittyy moniin tuotteisiin, mutta ne ovat yhtä tärkeitä palveluissa. Istumme mielellämme mukavaan tuoliin parturissa, kampaajalla, kulkuneuvossa, ravintolassa jne. Kolmanneksi menetämme nälän, janon, kylmän, kuuman, sairauden tai jonkin muun ärsykkeen vuoksi mukavuuden tunteemme. Voimme toiminnallamme palauttaa mukavuuden tunteen ja voimme myös tiedon ja kokemuksemme kautta ennalta ehkäistä ärsykkeen syntymisen.

Täyttymisen tunne

Kun olemme saavuttaneet jonkin tavoitteen, esimerkiksi saaneet valmiiksi jonkin työn, meidät valtaa täyttymyksen tunne. Mitä lujemmin olemme joutuneet uurastamaan tavoitteemme saavuttamiseksi, sitä voimakkaampi on täyttymyksen tunteemme. Täyttymyksen tunne antaa henkistä voimaa ja on siten merkittävä motivaation lähde. Täyttymyksen tunteen vastakohtia ovat turhautumisen ja riittämättömyyden tunne, joilla on vastaavasti motivaatiota heikentävä vaikutus. Myyjänä voimme auttaa asiakastamme saavuttamaan täyttymisen tunteen. Tähänkin liittyy jo aikaisemmin mainittu tuttu ohje – *tee ostaminen asiakkaallesi helpoksi.* Asiakkaamme voi kokea jonkin hankinnan hyvin vaikeana ja vaativana toimenpiteenä. Toteuttamalla ohjeen, voimme saada asiakkaamme kokemaan täyttymyksen tunteen. Ja vielä parempaa olisi, jos kykenisimme herättämään täyttymyksen tunteen, joka ylittäisi asiakkaamme odotukset.

Turvallisuuden tunne

Turvallisuuden tunteella on henkilökohtainen ja sosiaalinen ulottuvuus. Henkilökohtaisessa ulottuvuudessa teemme valintoja oman turvallisuutemme takaamiseksi. Sosiaalisessa ulottuvuudessa otamme huomioon kanssaihmisiä ja teemme valintoja, joissa turvallisuus ulottuu läheisiimme, naapureihimme jne. Turvallisuuden tunteen vastakohta on pelon tunne. Ei ole harvinaista, että pelon tunteen herättämisellä pyritään saamaan aikaan ostopäätöksiä. Esimerkiksi vakuutukset, lääkkeet ja lisäravinteet ovat tuotteita, joilla tarjoavat turvallisuuden tunteen. Mutta turvallisuus liittyy lukemattomiin muihin tuotteisiin – turvallisuus on myyntiargumentti, johon vedotaan hyvin usein. Tuotteet voivat olla testattuja – tai tuotettu jollakin erityisellä tavalla, jotta voimme luottaa niiden turvallisuuteen. Turvallisuus on meille niin merkittävä tekijä, että tuotteita ja niiden valmistusta varten on säädetty lukuisia direktiivejä ja lakeja.

Tasavertaisuuden tunne

Asiakkaana haluamme tuntea tasavertaisuuden tunteen muihin asiakkaisiin nähden. Toisin sanoen tasavertaisuuden tunteeseen liittyy käsityksemme oikeudenmukaisuudesta. Emme salli etuilua emmekä hyväksy, että myyjä väheksyy ostohaluamme tai ostokykyämme. Asiakkaina haluamme, että meille suodaan sama mahdollisuus nauttia tuotteista ja palveluista kuin kuka tahansa muu asiakas. Lapset haluavat usein saada samoja tuotteita kuin hyvät ystävänsä tunteakseen olevansa tasavertaisia ryhmässään. Miten tavallista onkaan lasten vetoomus siihen, että muillakin kavereilla on – miksi minä en saa? Mutta tasavertaisuuden tunteen lisäksi asiaan näyttää liittyvän tarve vahvistaa itsetuntoa. Eikä tämä rajoitu pelkästään lapsiin. Samanlaista tarvetta esiintyy aikuisillakin.

Jännityksen tunne

Epätietoisuus tulevasta synnyttää jännityksen tunteen. Voimme kokea jännityksen tunteen hyvinkin mielekkäänä ja piristävänä kokemuksena, kun jännitys ei häiritse liikaa turvallisuuttamme. Ja silloin kun siihen ei liity muita kielteisiä tai epämiellyttäviä tekijöitä. Esimerkiksi kirjat, elokuvat, pelit ja kilpailut ovat tuotteita, jotka voivat tarjota meille jännityksen tunteen. Jatkokertomukset hyödyntävät osaavasti tarvettamme kokea jännityksen tunteen – kertomus katkaistaan aina jännittävään tilanteeseen. Peleissä ja kilpailuissa jännityksen tunnetta lisäävä tekijä on sattuman mahdollisuus.

Nautinnon tunne

Nautinnon tunne välittyy viiden aistimme kautta. Näköaistillamme voimme nauttia monista kauniista asioista. Kuulollamme voimme nauttia esimerkiksi musiikista. Tuntoaistillamme voimme nauttia kosketuksesta. Haju- ja makuaistimme avulla voimme nauttia tuoksuista ja hyvästä mausta. Siksi voimme nauttia lukemattomista tuotteista ja palveluista. Myös tuotteista, jotka ovat alun perin kehitetty muuhun tarkoitukseen kuin nautinnon tunteen herättämiseen. Esimerkiksi hankimme auton voidaksemme siirtyä nopeasti ja mukavasti paikasta toiseen. Mutta merkittävin valintakriteerimme voi kuitenkin olla auton väri, muotoilu tai nahkaverhoilun tuoksu, joka herättää nautinnon tunteemme.

Vapauden tunne

Vapauden tunteen kokemiseen ei liity ainoastaan fyysinen vapaus, vaan myös henkinen vapaus. Voimme kokea vapauden tunteen monissa asioissa ja monella tavalla. Vapaus on mahdollisuus valita ja päättää itselleen tärkeistä asioista kokematta syyllisyyden tunnetta, painostusta tai uhkaa. Vapaus on mahdollisuus saada ja voida kokea irtaantuminen arjen elämän yksitoikkoisuudesta tai erilaisista velvollisuuksista, kun siihen on tarvetta. Tiedostamme vapauden tunteen arvon, kun meiltä riistetään vapaus tai emme jonkin muun syyn vuoksi pääse kokemaan sitä. Esimerkiksi matkailu tarjoaa meille mahdollisuuden kokea vapauden tunteen. Lisäksi voimme päästä kokemaan vapauden tunteen hankkimalla auton tai jonkin muun ajoneuvon, joka antaa meille mahdollisuuden liikkua vapaammin.

Ilon tunne

Ilon tunteen tunnusmerkkejä ovat hymy, nauru ja riemu. Usein kuultu lausahdus *"nauru pidentää ikää"* kertoo miten paljon arvostamme ilon tunnetta. Mutta ilon tunteen ei aina tarvitse olla näkyvää. Ilontunteen vastakohta on surun tunne. Voitaneen sanoa, että ajoittainen surun tunne on välttämätöntä, jotta voimme kokea ilon hetkiä. Esimerkiksi Stand-Up koomikko edustaa tuotetta, jonka tarkoitus on herättää ilon tunteita. Mutta monet muutkin tuotteet tarjoavat mahdollisuuden kokea ilon tunteita kuten komediat (teatteri, elokuva), kirjat ja pelit. Lisäksi kanssakäyminen iloisten ihmisten kanssa voi saada meidätkin iloiseksi.

Itsetunto

Itsetunto on tunne sosiaalisesta arvostamme, eli käsityksemme asemastamme ryhmässä ja muilta saamaamme arvonantoon. Tunne sosiaalisesta arvostamme on usein suhteellinen, toisin sanoen itsetuntoomme vaikuttaa muiden saama arvonanto. Kateus voidaan silloin nähdä heikon itsetunnon ilmentymänä. Vahvaa itsetuntoa voi olla vaikeampi tunnistaa kuin heikkoa itsetuntoa. Vahvan itsetunnon tunnusmerkkinä voitaneen pitää sitä, ettei henkilö ilmaise asioita tai käyttäydy tavalla, jotka ovat tunnusomaisia henkilölle, jolla on heikko itsetunto. Heikolla itsetunnolla on monia ilmenemismuotoja. Näihin liittyy kateuden lisäksi hyvin usein tarve herättää ja saada huomiota tavalla tai toisella. Mutta heikko itsetunto voi myös ilmetä aivan päinvastaisella tavalla.

Tunteiden tunnistamisen haasteet

Tunteisiin liittyy erilaisia mielenkiintoisia ulottuvuuksia. Ensinnäkin, tunteet eivät ole pysyviä. Erityisesti tunteet, jotka saavutamme ostamalla tuotteita ja palveluja. Ne voivat olla hyvinkin lyhytaikaisia. Toiseksi voi olla vaikeata havaita selvää eroa eri tunteiden välillä, sillä voimme kokea useita eri tunteita samanaikaisesti. Lisäksi tunteet ovat vuorovaikutussuhteessa. Vapauden tunne voi synnyttää ilon tunteen. Voimakas nautinnon tunne voi myös synnyttää ilon tunteen jne. Kolmanneksi tunteet ovat subjektiivisia ja siksi niitä on hyvin vaikea mitata ja vertailla. Esimerkiksi miten voimme tietää olevamme iloisempia kuin toinen iloinen henkilö tai kokevamme suurempaa vapauden tunnetta kuin muut. Toisaalta on helpompaa havaita jonkin myönteisen tunteen, eli hyödyn puuttuminen. Ja nämä kaikki tunteet, eli hyödyt ovat juuri niitä asioita, joita asiakkaamme haluavat kokea. Toisin sanoen asiakkaamme ostavat aina tuotteen hyödyn, kuten Futrell on jo aikaisemmin todennut.

Hyötyjen ryhmittely

Kirjallisuudessa hyötyjä on jaettu monenlaisiin ryhmiin. Mielestäni nämä eivät ole kaikki sopivia asianmukaiseen hyötyjen ryhmittelyyn. Hyvän ryhmittelyn kannalta on ryhmien oltava kaikenkattavia, mutta samalla niiden on oltava sopivalla ja yhdenmukaisella käsitteellisellä tasolla. Lisäksi ryhmien tarkoitus on auttaa meitä ymmärtämään tunteiden taustaa. Seuraavat neljä ryhmää täyttävät nämä vaatimukset.

Taloudellinen hyöty
Taloudellinen hyöty liittyy varojemme käyttöön, eli hankintamme hintaan, maksuehtoon, rahoitukseen, käyttökustannuksiin, kestävyyteen, jäännösarvoon ja tuloihimme.

Toiminnalliset hyödyt
Hyödyt, jotka liittyvät johonkin ulkoisen tekijään kuuluvan tarpeen tyydyttämiseen tai ongelman ratkaisemiseen ovat toiminnallisia hyötyjä. Myös fysiologiset perustarpeemme, jotka ovat välttämättömiä elämämme ylläpitämiseen, kuuluvat tähän ryhmään.

Kokemusperäiset hyödyt
Hyödyt, jotka välittyvät aistiemme kautta kuuluvat kokemusperäisiin hyötyihin. Tähän ryhmään kuuluvat myös kognitiiviset virikkeet kuten vaihtelun tunne,

jännityksen tunne, mielikuvituksen synnyttämät tunteet ja mieltä virkistävän pohdinnan antama mielihyvä.

Symbolinen hyöty

Itsetunto on ainoa tämän ryhmän hyöty.

Ironiaa symbolisesta hyödystä

Suositun englantilaisen *"Keeping Up Appereances"* (Pokka pitää) TV-sarjan huumori perustuu osin ironiaan symbolisesta hyödystä. Lähiörouva Hyasinth Bucket (sukunimi suomeksi: ämpäri) pyrkii jatkuvasti erottautumaan keskiluokastaan ja samalla osoittamaan yhteenkuuluvuutta aristokraattiseen yhteiskuntaluokkaan, jota hän suuresti ihailee. Koheltamisellaan rouva *"Bouquet"*, kuten hän aina haluaa sukunimensä ranskalaisittain lausuttavan (suomeksi: kukkakimppu), paljastaa erittäin hauskalla tavalla itsetunnon vahvistamisen egoistisen ja sosiaalisen ulottuvuuden.

Aikaisemmin esitettyjen tunteiden määritelmien perusteella päädymme seuraavaan ryhmittelyyn.

Asiakkaan kokemat hyödyt	Ulottuvuus	Ryhmä
Viisauden tunne	Henkilökohtainen	Taloudellinen hyöty
Mukavuuden tunne	Henkilökohtainen	Toiminnallinen hyöty
Täyttymisen tunne	Henkilökohtainen	Toiminnallinen hyöty
Turvallisuuden tunne	Henkilökohtainen/sosiaalinen	Toiminnallinen hyöty
Tasavertaisuuden tunne	Sosiaalinen	Toiminnallinen hyöty
Jännityksen tunne	Henkilökohtainen	Kokemusperäinen hyöty
Nautinnon tunne	Henkilökohtainen	Kokemusperäinen hyöty
Vapauden tunne	Henkilökohtainen	Kokemusperäinen hyöty
Ilon tunne	Henkilökohtainen	Kokemusperäinen hyöty
Itsetunto	Henkilökohtainen/sosiaalinen	Symbolinen hyöty

Ydinhyödyt

Tutustuimme käsitteeseen ydinhyöty aikaisemmin sivulla 8. Perinteisen määritelmänsä mukaan tuote tai palvelu sisältää yhden keskeisen hyödyn, jonka vuoksi kuluttaja ostaa tuotteen. Kun pitäydymme ajatuksessa, että hyödyt ovat sama asia kuin päämääräarvot kohtaamme ristiriidan. Nimittäin ajatus arvojärjestelmästä ja sen vaikutuksesta päätöksentekoon ei ole sopusoinnussa ydinhyödyn määritelmän kanssa. Rokeachin (1973) mukaan valintoihimme vaikuttaa koko arvojärjestelmämme, eikä pelkästään yksittäinen arvo. Jos tarkastelemme omia ostopäätöksiämme, voimme havaita, että monet hyödyt vaikuttavat samanaikaisesti päätökseemme. Tietysti näillä hyödyillä voi olla eri painoarvoja, mutta hyötyjen summa voi olla tärkeämpää kuin yksittäinen hyöty. Eli jos koko arvojärjestelmämme sanotaan ohjaavan valintojamme, vastaavasti ostopäätöksiämme on ohjaava tuotteen tai palvelun hyötyjen summa.

Kun samalla tarkastelemme kaikkia hyötyjä voimme todeta, että sisäisen tasapainon, tyytyväisyyden ja onnellisuuden tunteita saavuttaminen edellyttää muiden kaipaamiemme hyötyjen toteutumisen. Ne edustavat prosessin lopullista päätepistettä. Siksi esitän, että nämä kolme tunnetta ovat ydinhyötyjä.

Ydinhyötyjen määritelmä

Ydinhyötyjä ovat sisäisen tasapainon, tyytyväisyyden ja onnellisuuden tunteet. Asiakkaamme voi kokea sisäisen tasapainon, tyytyväisyyden ja onnellisuuden tunteet saavutettuaan kaipaamansa hyödyt.

Sisäisen tasapainon tunne

Hyvä omatunto, itsensä hyväksyminen sellaisena kuin on, muiden hyväksyminen ovat tunnusomaisia henkilölle, jotka kokevat sisäisen tasapainon. Sisäisen tasapainon ylläpitämiseksi haluamme välttää asioita, jotka voivat johtaa stressiin, ahdistukseen, huonoon omatuntoon tai häpeän tunteeseen.

Tyytyväisyyden tunne

Tyytyväisyyden tunne syntyy, kun olemme saaneet kaiken tarpeellisen tai saavuttaneet tavoitteemme.

Onnellisuuden tunne

Yleisesti pidämme onnellisuuden perustana ja mittarina elämäntilanteemme ja ihmissuhteittemme laatua. Materialistiset asiat voivat olla onnellisuuden perustana, mutta voimme olla hyvinkin onnellisia ilman kaikkien materialististen tarpeiden ja halujen tyydyttämistä.

3 Hyötyjen materialistiset lähteet

Aineellisten ja aineettomien tuotteiden ominaisuudet

Useissa akateemisissa artikkeleissa on jo 1970-luvulla todettu hyötyjen lähteiden olevan tuotteiden ja palvelujen ominaisuuksissa. Tuotteet voidaan jakaa kahteen ryhmään – aineellisiin ja aineettomiin. Kaikki fyysisesti kosketeltavat tuotteet ovat aineellisia. Aineettomia tuotteita ovat esimerkiksi vakuutukset, siivous-, huolto-, kampaamo- ja konsulttipalvelut. Vaikka aineettomiin tuotteisiin liittyy usein sana *"palvelu"*, ne eivät ole sama asia kuin asiakaspalvelu. Asiakaspalvelu on halukkuutemme ja kyvykkyytemme palvella asiakkaitamme, johon palaamme kun tarkastelemme hyötyjen sosiaalisia lähteitä.

Aineelliset ja aineettomat tuotteet muodostavat materialistisen ulottuvuuden.

Aineelliset tuotteet	Aineettomat tuotteet
• kaikki fyysiset tuotteet	• vakuutukset • kuljetuspalvelut • huoltopalvelut • siivouspalvelut • kampaamopalvelut • lakimiespalvelut • konsultointipalvelut yms. *Aineettomat tuotteet ovat usein palveluja, mutta ne eivät kuitenkaan ole samaa kuin asiakaspalvelu.*

Kaikki tuotteet, sekä aineelliset että aineettomat, koostuvat lukemattomista ominaisuuksista. Ominaisuus on mikä tahansa tuotteen piirre. Ominaisuuksia ovat esimerkiksi leveys, korkeus, pituus ja väri. Lisäksi tuotteet ovat usein valmistettu monista raaka-aineista, joista kukin antaa tuotteelle monenlaisia ominaisuuksia kuten painon, kovuuden, taipuisuuden, kimmoisuuden, maun ja tuoksun jne. Myös tuotteen tai palvelun hinta on ominaisuus, vaikka ne eivät ole yllämainitun kaltaisia tuotteen tai palvelun fyysisiä piirteitä.

Laajennettu tuote on valmistajan, tukkurin, myyjän tai käyttäjän tuotteeseen kytkemä lisäys tai tuotteelle luontainen lisäys kuten käyttöympäristö, jotka voivat myös olla hyötyjen lähteitä. Ne tarjoavat lukuisia erilaistamisen mahdollisuuksia, jotka voivat olla ratkaisevia tuotteen tai palvelun menestykselle. Esimerkkejä laajennetusta tuotteesta ovat tuotevalikoima, käyttömahdollisuudet, kylkiäiset, vaihtopalvelu, käyttöohjeet ja -opastus, huolto ja korjaus, tekninen tuki ja tuotetakuu. Laajennettu tuote voi myös olla aineeton kuten esimerkiksi esikuva ja yhteisö.

Tuotteen edut voidaan johdatella tuotteen ominaisuuksista. Ja kuten voimme hyvin ymmärtää, melko yksinkertaisetkin tuotteet sisältävät lukuisia ominaisuuksia, jotka erikseen tai yhdessä, voivat synnyttää erilaisia etuja. Tämän vuoksi edut ovat lukumäärältään selvästi vähäisempiä kuin ominaisuudet.

Tuotteen edut

Tuotteen tai palvelun edut ovat johdateltavissa yleistuotteesta ja laajennetusta tuotteesta. Mukailemalla Futrellin esittämää määritelmää on etujen määritelmä siten seuraava:

> **Tuotteen edun määritelmä**
>
> *Tuotteen etu on mitä tuotteen ja laajennetun tuotteen ominaisuudet
> ja käyttäminen saavat aikaan.*

Koska edut käsitetään perinteisesti hyötyinä, voi niiden erottaminen toisistaan olla vaikeaa. Edut eivät kuitenkaan koskaan ole tunnetiloja kuten hyödyt. Etuja ovat esimerkiksi rahan säästö alennusmyynnissä, auton nopea kiihtyvyys tai lyhyt jarrutusmatka, kännykän kaunis väri jne.

4 Hyötyjen logistiset lähteet

Tuote tai palvelu voi tarjota lukuisia asiakkaamme kaipaamia hyötyjä, mutta ne eivät toteudu, ellei tuotetta tai palvelua ole helposti saatavana silloin kun siihen on tarve. Hyvä toimitusvarmuus on tärkeää, sillä sen pettäminen on merkittävimpiä syitä yksittäisen kaupan ja asiakkaan menettämiselle. Siksi toimitusketjun toimijoiden yhteensopiva, nopea ja joustava yhteistyö ovat menestyksellisen kaupankäynnin peruskiviä kaikille toimitusketjun yrityksille. Yhtä tärkeä tekijä on koko toimitusketjun kustannustehokkuus, jonka avulla yritykset voivat turvata kannattavuutensa kiristyvässä kilpailutilanteessa. Toimitusketjun yritykset suosivatkin usein pitkäaikaista yhteistyötä voidakseen yhdessä kehittää tehokkaan logistiikan.

Karrus (2005) määrittelee logistiikan seuraavasti:

Logistiikan määritelmä

Logistiikka on materiaali-, tieto- ja pääomavirtojen, hankinnan, tuotannon, jakelun ja kierrätyksen, huolto- ja tukipalvelujen, varastointi-, kuljetus- ja muiden lisäarvopalvelujen sekä asiakaspalvelujen ja -suhteiden kokonaisvaltaista johtamista ja kehittämistä.

Kuten voimme määritelmästä havaita, logistiikassa käsitellään prosesseja ja palveluja, jotka liittyvät tuotteeseen. Olemme aikaisemmin selvittäneet miten edut ja hyödyt ovat johdateltavissa tuotteen ja palvelun ominaisuuksista. Samalla tavalla logistiikan eri osa-alueista voidaan johdatella edut ja hyödyt. Juuri nämä edut ja hyödyt ovat erityisen tärkeitä yritysten välisessä kaupassa. Siksi myyjän on osattava hyvin sekä oman että asiakasyrityksensä logistiikan. Ja ymmärrettävä niiden tarjoamat mahdollisuudet.

Logistiset virrat

Hyötyjen logistiset lähteet voidaan jakaa seuraaviin kolmeen ryhmään:

- tietovirta, materiaalivirta ja pääomavirta

Tietovirta käsittää mm. tarvittavat tiedot tuotteista ja niiden valmistuksesta, toimittajista, asiakkaista, tuotteiden tilauksista ja toimituksesta. Toimiva tietovirta on välttämätöntä materiaali- ja pääomavirran tehokkaalle hallitsemiselle.

Materiaalivirta käsittää mm. raaka-aineiden, komponenttien ja tavaroiden käsittelyn valmistuksessa ja jalostuksessa, raaka-aineiden ja tavaroiden hankinnan ja käsittelyn, varastoinnin, jakelun ja kierrätyksen toimitusketjussa.

Pääomavirta käsittää rahoituksen ja rahaliikenteen. Esimerkiksi maksuaika, kassa-alennus ja vuosihyvitys ovat pääomavirtaan liittyviä tekijöitä.

Tieto-, materiaali- ja pääomavirrat ovat keskenään jatkuvassa vuorovaikutuksessa ja riippuvaisia toisistaan. Näiden tehokas hallinta edellyttää tuotannonohjauksen, ostotoiminnan, tilaustenkäsittelyn, varastoinnin, kuljetuksen ja hallinnon saumattoman yhteensovittamisen.

Logistiset edut

Logistiset edut ovat johdateltavissa logistisista virroista. Mukailemalla Futrellin esittämää määritelmää on etujen määritelmä siten seuraava:

Logistinen edun määritelmä

Logistinen etu on mitä materiaali-, pääoma- ja tietovirran ratkaisut tehostavat toimitusketjua ja miten nämä ratkaisut auttavat asiakastamme.

5 Hyötyjen sosiaaliset lähteet

Vaikka tuotteemme ja logistiikkamme voi tarjota suuren määrän asiakkaan kaipaamia hyötyjä, haluan korostaa, etteivät paraskaan tuote ja tehokkain logistiikka myy itse itseään - yksilön ja ryhmän halukkuus ja kyvykkyys palvella asiakkaita on keskeinen tekijä tulokselliselle myynnille. Siten hyötyjen sosiaalisilla lähteillä on erittäin suuri vaikutus siihen, että saamme kiristyvässä kilpailutilanteessa asiakkaan ostamaan tuotteen yritykseltämme.

Asiakaspalvelu

Kuten aikaisemmin totesimme, ovat palvelut aineettomia tuotteita. Mutta palvelut eivät ole sama asia kuin asiakaspalvelu. Asiakaspalvelu on vuorovaikutustilanne kohdatessamme asiakkaamme kasvokkain tai viestimien kautta. Toisin sanoen voimme tehdä asiakaspalvelua kohtaamatta koskaan asiakastamme. Myyjien lisäksi kaikki muutkin yrityksen työntekijät, joiden tehtävät liittyvät välillisesti asiakaspalveluprosesseihin, toimivat myös asiakasrajapinnassa - näkymättöminä. Tämän oivaltaminen on tärkeää, jotta voimme asiakaspalvelun kautta tarjota asiakkaamme kaipaamia hyötyjä.

Käytän asiakaspalvelusta seuraavaa määritelmää:

Asiakaspalvelun määritelmä

Asiakaspalvelu on yksilön ja ryhmän halukkuus ja kyvykkyys palvella asiakkaita.

Välinearvot

Halukkuutemme ja kyvykkyytemme palvella asiakkaitamme perustuvat välinearvoihimme. Välinearvot ja välinearvojen lähteet, kulttuurimme ja ympäristömme, persoonallisuutemme, kasvatuksemme, koulutuksemme ja kokemuksemme, ovat hyötyjen sosiaaliset lähteet. Välinearvomme muokkaavat jatkuvasti halukkuuttamme ja kykyämme toimia. Jo pienestä pitäen vanhemmat opettavat lapsilleen välinearvoja ja korostavat niiden oppimisen ja noudattamisen tärkeyttä.

Saimme jo aikaisemmin tietää, että välinearvot voidaan jakaa kahteen ryhmään – moraaliarvoihin ja osaamisarvoihin. Näiden ero voidaan Rokeachin (1973) mukaan tunnistaa tunteesta, jonka koemme, kun jätämme noudattamatta tai emme kykene noudattamaan kyseisiä arvoja. Moraaliarvojen laiminlyönnistä seuraa huono omatunto ja osaamisarvojen laiminlyönnistä häpeän tunne. Tähän jakoon liittyy mielestäni kaksi ongelmaa. Ensinnäkin voi olla vaikeaa erottaa moraaliarvoja ja osaamisarvoja selkeästi toisistaan, sillä huonon omatunnon ja häpeän tunteet ovat hyvin samankaltaisia. Ja ne voitaneen tuntea samanaikaisesti, joka ei helpottane niiden erottamista toisistaan. Myös kulttuurien väliset erot voivat vaikuttaa kykyymme erottaa moraali- ja osaamisarvot toisistaan. Toiseksi jako ainoastaan kahteen ryhmään on varsin karkea, eli välinearvoja ole jäsennelty muulla tavalla. Mielestäni Rokeachin esittämä jako ei sovellu hyvin kaupalliseen asiayhteyteen. Tarkoituksemmehan on tunnistaa helposti ja nopeasti mitkä välinearvot johtavat asiakkaamme kaipaamiin hyötyihin. Välinearvojen jakaminen toisella tavalla olisi näin ollen perusteltua. Siksi olen hylännyt Rokeachin jakoperusteen ja jakanut välinearvot viiteen eri ryhmään ja nimennyt ryhmät niihin kuuluvien välinearvojen ominaispiirteiden mukaisesti. Nämä ryhmät ovat asennearvot, käyttäytymisarvot, luotettavuusarvot ja osaamisarvot. Olen myös lisännyt välinearvoihin ryhmän, jonka merkitys on viimeisten vuosikymmenien aikana kasvanut merkittävästi - ympäristöarvot. Lisäksi olen jakanut Rokeachin esittämän välinearvon "Kunnianhimoinen (ahkera, eteenpäin pyrkivä)" sekä "Taitava (osaava, tehokas)" kahteen eri väliarvoon ja lisännyt listaan kuusi välinearvoa – empaattisuuden, nöyryyden, kuuntelevaisuuden, ystävällisyyden, oikeudenmukaisuuden ja vuorovaikutustaitoisuuden. Seuraavassa taulukossa on ehdotukseni välinearvoista ryhmineen.

Asennearvot
Ahkera ja aktiivinen
Ennakkoluuloton, avomielinen ja avarakatseinen
Itsensä hallitseva, eli itsekurin noudattaminen
Kunnianhimoinen ja eteenpäin pyrkivä
Määrätietoinen ja rohkea

Käyttäytymisarvot
Anteeksiantava
Avulias
Empaattinen
Iloinen
Kohtelias ja huomaavainen
Kuuntelevainen
Nöyrä (ei ylimielinen)
Siisti ja puhdas
Ymmärtäväinen (sympaattinen)
Ystävällinen
Luotettavuusarvot
Rehellinen, vilpitön ja totuudenmukainen
Oikeudenmukainen
Velvollisuudentunteinen
Vastuullinen ja sanansa pitävä
Uskollinen itselleen ja muille
Luottavainen muita kohtaan
Osaamisarvot
Osaava ja taitava tehtävissään
Tehokas ajankäytössä ja prosessien hallinnassa
Vuorovaikutustaitoinen
Harkitseva ja älykäs
Luova ja mielikuvituksellinen
Johdonmukainen ja järkiperäinen
Ympäristöarvot
Luonnon resurssien säästäminen ja niiden järkevä käyttö
Ympäristön suojeleminen saasteilta

Asennearvot

Kaiken tuloksellisen toimeliaisuuden perustana ovat asennearvot. Ilman näitä meidän on vaikea saavuttaa mitään. Hyvällä asenteella meidän on peräti mahdollista korvata puutteitamme muilla osa-alueilla. Suomalaisella sisulla on tunnetusti saatu aikaan ihmeitäkin.

Käyttäytymisarvot

Käyttäytymisarvot ovat asioita, jotka kannamme mukanamme kaikkialle. Ne näkyvät ja paljastavat luonteenpiirteemme muille. Käyttäytymisarvomme auttavat meitä luomaan hyviä suhteita, sillä miellyttävien henkilöiden kanssa on aina mukavampi asioida. Käyttäytymisarvoillamme voimme myös herättää luotettavuutta ja uskottavuutta. Esimerkiksi ensivaikutelman luomiseen on syytä kiinnittää erityistä huomiota, sillä ensivaikutelman voi tehdä vain kerran ja sen muuttaminen voi olla vaikeaa.

Luotettavuusarvot

Luotettavuusarvot ovat välttämättömiä, jotta voimme toimia ryhmässä niin omassa yrityksessämme kuin asiakkaittemme kanssa. Mahdollisuus voida aina luottaa toisiimme on hyvän ja pitkäaikaisen yhteistyön perusta. Luottamuksen rakentamiseen voi kulua vuosia, mutta ne voidaan menettää muutamassa sekunnissa. Näiden jälleenrakentaminen voi olla hyvin vaikeaa ja jopa mahdotonta. Siten luottamus on erittäin arvokasta aineetonta pääomaa.

Osaamisarvot

Osaamisarvot käsittävät kokemuksen ja koulutuksen kautta saamamme tiedot ja taidot, mutta myös synnynnäiset kykymme. Esimerkiksi neuvottelutaitoa ja myyntiprosessin hallintaa on opeteltava ja niiden soveltamista on jatkuvasti harjoiteltava samantapaisesti kuin urheilijat valmistautuvat omiin suorituksiinsa. Kaikkien logististen prosessien tehokas hallitseminen on yhtä tärkeää. Juuri tämä osaaminen on tärkeää asiakaspalvelua ja merkittävä asiakkaan kokemien hyötyjen lähde yritysten välisessä kaupankäynnissä. Tätä varten meidän on tunnettava asiakkaittemme organisaatio, toiminta, toimintaympäristö ja tavoitteet. Meillä on oltava lisäksi hyvä näkemys oman ja asiakkaamme alan kehitykseen vaikuttavista tekijöistä, jotta voimme jatkossakin toimia tehokkaasti. Ja meidän on tietysti tunnettava tuotteemme ja sekä kilpailijoittemme tuotteet ja toimintatavat. Nämä ovat haasteita, joista yksittäisen henkilön on mahdotonta selviytyä yksin. Logististen prosessien tehokkaaseen hallitsemiseen ja niiden jatkuvaan kehittämiseen tarvitaan koko yrityksen hyvin organisoitu työpanos. Tämä edellyttää vuorostaan kyvykkyyttä yrityksen johdolta. Lopuksi on huomioitava, että kulttuuri on myös välinearvojen lähde. Meidän on siksi opittava kohdemarkkinoittemme tavat, jotta voimme menestyä oman tutun ympäristömme ulkopuolella.

Ympäristöarvot

Huoli yhteisen ympäristömme kehityksestä on muuttanut arvomaailmaamme. Siksi edellytämme nykyisin kaikessa toiminnassa ympäristön huomioimisen. Asiakkaitamme ei kiinnosta pelkästään itse tuote, vaan myös miten se on tuotettu. Asiakkaittemme valinnat osoittavat ympäristöarvojen olevan hyötyjen lähde. Yrityksiltä edellytetään että kaikkia luonnon resursseja käytetään säästäen. Esimerkkinä mainittakoon luomutuotteet. Meidän on suojeltava ilmastoamme, vesistöjämme ja maa-alueitamme saasteilta. Melua on vähennettävä. Mutta myös eläinkuntaa on kohdeltava asianmukaisesti. Koe-eläinten käyttöä tuotekehityksessä ei hyväksytä. Kotieläimiä on kohdeltava hyvin. Ympäristöarvot ovat tänään välttämätöntä yritystoiminnalle ja ne nähdäänkin entistä useammin mahdollisuutena eikä uhkana.

6 Asiakkaan kokemien hyötyjen tunnistamismalli

Asiakkaan kokemien hyötyjen tunnistamismalli on työkalu, jonka avulla on mahdollista helposti ja nopeasti tunnistaa tuotteiden ja palvelujen sekä logistiikan ja asiakaspalvelun kaikki tarjoamat hyödyt.

Mallin rakenne

Asiakkaan kokeman hyödyn tunnistamismallin rakenne kuvaa nelivaiheista prosessia. Prosessin ensimmäinen vaihe on lähdetaso. Lähdetaso jakaantuu kolmeen osaan, materialistiseen, logistiseen ja sosiaaliseen. Materialistisesta osasta löytyvät ominaisuudet yleistuotteessa ja mahdollisessa yleistuotteessa sekä laajennetussa tuotteessa ja mahdollisessa laajennetussa tuotteessa. Logistisesta osasta löytyvät lähteenä logistiset virrat. Sosiaalisesta osasta löytyvät lähteenä kasvatus, koulutus ja kokemus, persoonallisuus sekä kulttuuri ja ympäristö.

Toinen vaihe on käytännöntaso. Käytännöntaso jakaantuu samalla tavalla kolmeen osaan kuin lähdetaso. Materialistisessa osassa ovat tuotteen edut, logistisessa osassa logistiset edut ja sosiaalisessa osassa ovat välinearvot.

Kolmas vaihe on tunnetaso, jossa prosessin materialistinen, logistinen ja sosiaalinen osa yhtyvät. Tällä tasolla ovat kaikki kymmenen hyötyä omissa ryhmissään.

Prosessin neljäs vaihe on ydintaso, josta löytyvät ydinhyödyt, eli sisäisen tasapainon, tyytyväisyyden ja onnellisuuden tunteet.

Prosesseihin liittyvien tekijöiden lukumäärä muuttuu taso tasolta. Lähdetasolla tekijät ovat lukumäärältään äärettömät, mutta tämän jälkeen tekijöiden lukumäärä vähenee taso tasolta. Käytännöntasolla tekijöitä on vielä lukemattomia. Tunnetasolla tekijöiden lukumäärä on vähentynyt kymmeneen ja lopulta ydintasolla niitä on vain kolme. Kaikki mahdolliset prosessit päätyvät siis lopulta aina kohti samaa tulosta.

Lähdetason ja käytännöntason tekijöiden lukumäärä osoittaa, että mahdollisia prosesseja on lukumäärältään myös lukemattomia. Samalla on tärkeää todeta, että yksi prosessi voi johtaa useaan eri hyötyyn, ja monet eri prosessit voivat johtaa yhteen ja samaan hyötyyn. Toisin sanoen reitit lähdetasolta kohti ydintasoa voivat muodostaa lähdetasolla ja käytännöntasolla erittäin monisäikeisen ja tiheän verkoston, joka harventuu merkittävästi tunnetasolla ja päätyy ydintasolla vain kolmeen tunteeseen.

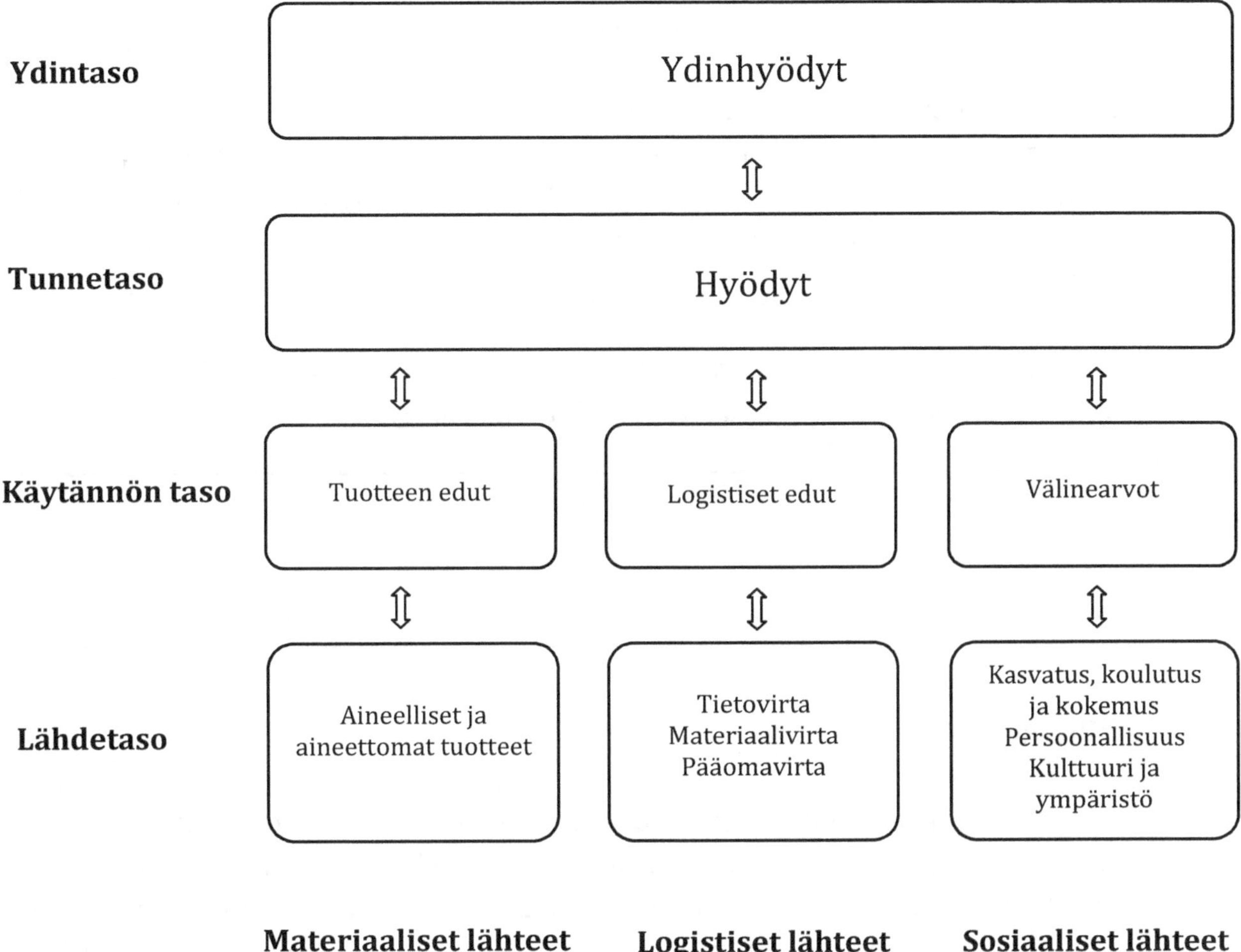

Mallia voidaan käyttää kahteen suuntaan. Etenemällä lähdetasolta kohti ydintasoa voimme selvittää tuotteen tai palvelun kaikki mahdolliset edut ja hyödyt. Kun laadimme markkinointiviestin tai argumentoimme tuotetta, on valittava päinvastainen suunta, eli aloitettava hyödyistä. Hyödythän ovat niitä asioita, joita asiakkaamme ostavat. Siksi hyödyt kiinnostavat asiakkaitamme. Käytännöntaso ja lähdetaso edustavat hyötyjen todistusaineistoa. Toisin sanoen ei ole kovinkaan järkevää esittää todisteita, ellei asiakas ymmärrä mitä niillä pyritään todistamaan. Puhumattakaan tietysti siitä, ettei tunneta mitä hyötyjä asiakkaamme kaipaa.

Asiakaslähtöisyyden ja tuotelähtöisyyden ero

Mallin materialistisen ulottuvuuden lähdetaso ja käytännön taso edustavat tuotelähtöistä ajattelua. Silloin tarkastelun kohteena ovat tuotteen tai palvelun ominaisuudet ja edut. Vasta noustuamme materialistisen ulottuvuuden käytännön tasolta tunnetasolle, ja näemme mitkä ovat ne myönteiset tunteet, joita asiakkaamme haluaa kokea, voimme olla aidosti asiakaslähtöisiä. Toisin sanoen, mallin tunnetaso ja ydintaso edustavat asiakaslähtöisyyttä.

Mallin lähteet

Asiakkaan kokemien hyötyjen tunnistamismalli on yhdistelmä Futrellin *FAB* – mallista (2006) ja Gutmanin *Means End Chain* –mallista (1982) sekä Rokeachin (1973) ajatuksista ihmisen arvomaailmasta. Näihin olen lisännyt käsitykseni ydinhyödystä. Logistiset lähteet perustuvat Karruksen kirjoittaman Logistikka oppikirjan teksteihin. Välinearvojen lähteet olen koonnut eri lähteistä. Hyötyjen luokittelussa on valittu ryhmiä eri tutkijoiden ajatuksista kuten Sheth, Newman ja Gross (1991), Aaker (1996), Park, Jaworski ja MacInnis (1986). Laajennettu tuote perustuu Theodor Levittin ajatuksiin (1980). Keskeisten käsitteiden määritelmiä olen mukauttanut asiayhteyteen sopivaksi.

Asiakkaan kokemien hyötyjen tunnistamismalli

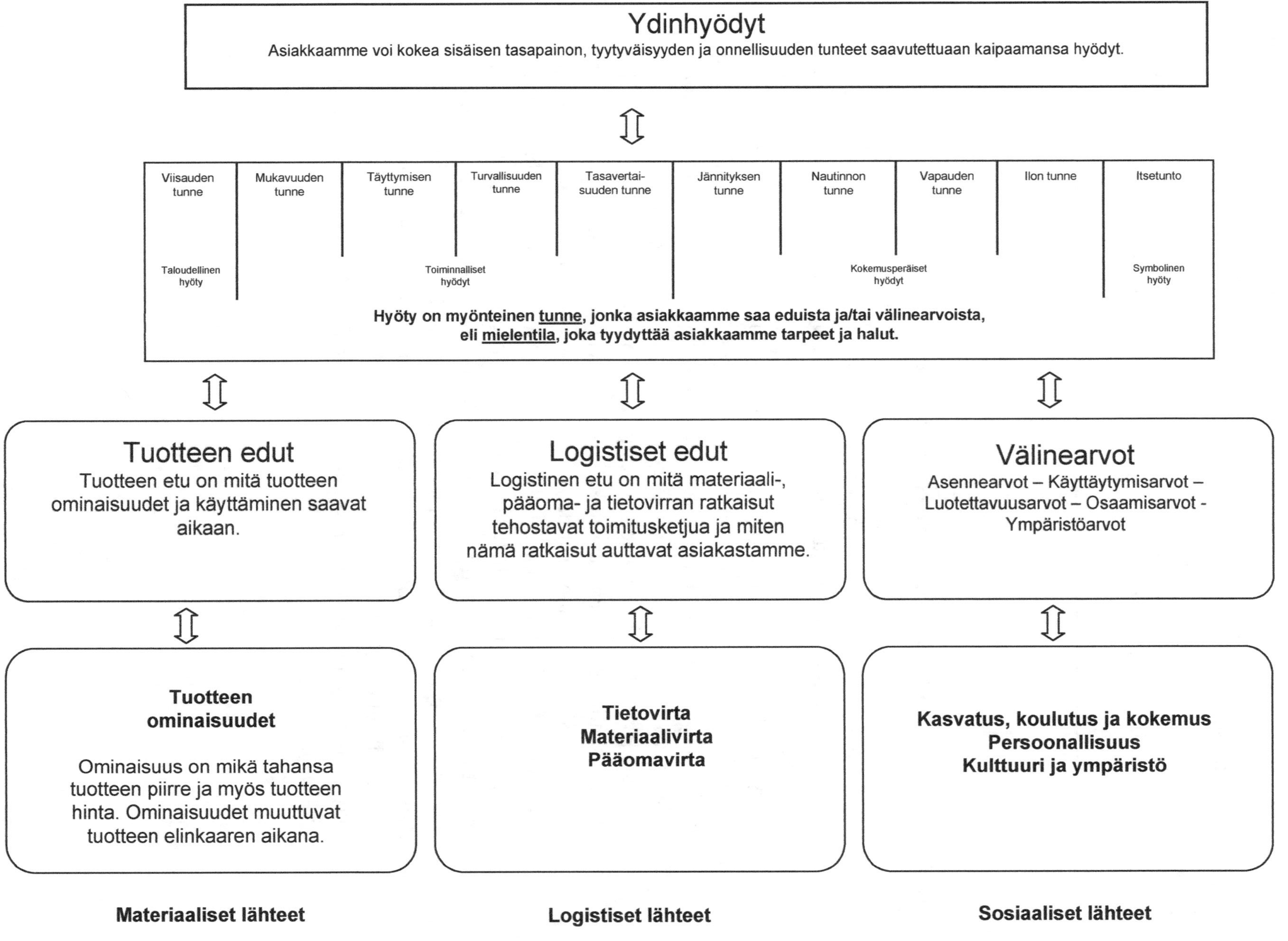

7 Teesejä ja määritelmiä

Hyödyn määritelmä

Hyöty on myönteinen tunne, jonka ostaja saa tuotteen eduista ja/tai logistista eduista ja/tai välinearvoista, eli mielentila, joka tyydyttää ostajan tarpeet ja halut

Viisi teesiä asiakkaan kokemista hyödyistä

1. Kaikki hyödyt ovat myönteisiä tunteita, joita pyrimme alati tietoisesti tai tiedostamattamme saavuttamaan. Tunteet eivät ole pysyviä eivätkä mitattavissa.

2. Hyötyihin johtavat lukemattomat prosessit, joiden lähteet voivat olla materialistisia, logistisia tai sosiaalisia. Prosessin vaiheet voidaan jakaa neljään tasoon. Nämä ovat prosessin lähde-, käytännön-, tunne- ja ydintaso.

3. Hyödyt voidaan jakaa kahteen ryhmään niiden ilmenemisjärjestyksen mukaan. Hyötyjä on kymmenen ja ydinhyötyjä on kolme. Sosiologiassa näitä kaikkia sanotaan päämääräarvoiksi. Ydinhyötyjä ovat sisäisen tasapainon, tyytyväisyyden ja onnellisuuden tunteet, jotka syntyvät, kun olemme saavuttaneet kaipaamamme hyödyt. Hyötyjä ovat viisauden, mukavuuden, täyttymisen, turvallisuuden, tasa-arvon, jännityksen, nautinnon, vapauden ja ilon tunteet sekä itsetunto. Päämääräarvoista vapahdusta, todellista ystävyyttä ja rakkautta ei voida kaupallistaa eettisistä ja laillisista syistä.

4. Hyödyt voidaan asettaa neljään ryhmään – taloudellinen ja symbolinen hyöty, toiminnalliset ja kokemusperäiset hyödyt.

5. Hyödyt ovat aina subjektiivisia, eli kukin asiakas kokee hyödyt omalla tavallaan.

Hyödyt ja lisäarvo

Tähän mennessä olemme saaneet vastauksen asiakkaan kokemaan hyötyyn liittyviin keskeisiin kysymyksiin. Tiedämme mitä hyöty on, montako hyötyä on olemassa ja miten ne voidaan ryhmitellä sekä miten hyöty voidaan saavuttaa ja miten hyöty voidaan osoittaa todeksi. Mutta asiakkaan kokemien hyötyjen tunnistamismalli antaa myös hyvän perustan lisäarvon määritelmälle.

Lisäarvoa voidaan saada mallin sekä materialistisen että sosiaalisen ulottuvuuksien lähteistä ja prosesseista. Lisäarvo on jokin muutos mallin lähde- tai käytännöntasolla. Tärkeää on kuitenkin todeta, että lisäarvo on merkityksellinen vasta kun asiakas ymmärtää muutoksen vaikuttavan myönteisesti hänen kokemaansa hyötyyn. Muussa tapauksessa muutos saattaa olla vain lisäkulu, joka nakertaa yrityksen kannattavuutta.

Lisäarvon määritelmä

Lisäarvo on mikä tahansa muutos tuotteen lähde- tai käytännöntasolla,
jonka asiakas ymmärtää vaikuttavan myönteisesti hänen kokemaansa hyötyyn.

Hyödyt ja brändi

Yleisesti tavaramerkki ja brändi nähdään samana asiana, eli nimenä tai merkkinä, jonka avulla tuotteen voi tunnistaa. Markkinoinnissa tavaramerkillä ja brändillä on kuitenkin selvä ero. Yritys voi antaa tuotteelleen tavaramerkin, mutta brändin tuote voi vain ansaita, sillä brändin statuksen antavat asiakkaat. Toisin sanoen, kun tuote tai palvelu kehittyy tasolle, jossa asiakas kokee yksinomaan tavaramerkin antavan lisäarvoa, joka vaikuttaa asiakkaan valintaan, on tavaramerkistä kehittynyt brändi. Asiakkaan kokemien hyötyjen kannalta brändi voidaan siten määritellä seuraavasti.

Brändin määritelmä

Brändi on vakuutus – tuote tai palvelu joka tuotemerkillään, nimellään tai logollaan
kykenee välittämään varmuuden hyötyjensä toteutumisesta.

Määritelmän mukaan tuote tai palvelu sisältää tiedostettuja hyötyjä, joita asiakkaat arvostavat ja haluavat. <u>Brändi on siis vakuutus, että sen hyödyt aina toteutuvat.</u> Koska brändin statuksen antavat asiakkaat, on mielenkiintoista havaita, että vakuutuksen lopullinen antaja ei ole tuotteen myyjä tai valmistaja, vaan sen ostaja.

Mitkä tahansa tuotteen tai palvelun hyödyt voivat yksistään tai yhdessä olla brändin perusta. Toisin sanoen brändillä ei tarvitse olla korkeaa statusarvoa, koska esimerkiksi markkinoiden edullisin vaihtoehto voi tavaranmerkillään antaa vakuutuksen viisauden tunteen toteutumisesta.

Tässä yhteydessä on myös tärkeää todeta, ettei brändi ole sama asia kuin mielikuva. Meillä voi olla monista tuotteista tai palveluista hyvinkin myönteinen mielikuva. Mutta myönteisinkään mielikuva ei välttämättä tee tuotteesta tai palvelusta brändiä. Vasta kun myönteinen mielikuvamme jostakin tuotteesta tai palvelusta yltää yllä mainitun määritelmän mukaiseksi, on kysymyksessä brändi. Eli mielikuva on käsityksemme jostakin, ei brändin kaltainen vakuutus tuotteen tai palvelun hyötyjen toteutumisesta. Keinot brändin tai hyvän mielikuvan kehittämisessä ovat kuitenkin hyvin samanlaisia.

Maabrändi

"Hyvä mielikuva voi olla merkittävän ratkaisevaa maalle, kaupungille tai alueelle aivan samalla tavalla kuin yritykselle ja yrityksen tuotteille". Näin toteaa Simon Anholt, maabrändi (nation brand) käsitteen keksijä. Mutta hän lisää, ettei maabrändin kehittämisellä ole mitään tekemistä markkinoinnin, mainonnan eikä suhdetoiminnan kanssa. Kansakuntia on Anholtin mukaan mahdotonta brändätä, vaikka monet hallitukset käyttävät tähän suuria summia. Tässä yhteydessä onkin tulkittava brändi sana aivan toisin – sillä maabrändillä ei tarkoiteta samaa asiaa kuin tuotebrändillä. Simon Arnholt käyttääkin nykyisin käsitettä kilpailuidentiteetti (Competitive Identity) ja esittää samannimisessä kirjassaan, millä keinoin kansakunnat voivat kehittää mainettaan. Lisätietoja aiheesta löytyy osoitteesta www.simonanholt.com

8 Hyötyjen viestittäminen

Hyötyjen tehokkaan viestittämisen kannalta on tärkeää ymmärtää missä viestimme kohde, eli markkinat sijaitsevat. Samalla on tärkeää että viestimme on asiakaslähtöinen. Ja juuri tässä asiakkaan kokemat hyötyjen ymmärtäminen ja valitseminen viestinnän keskeiseksi teemaksi luovat edellytykset hyviin tuloksiin. Seuraavassa esitän hyötyjen viestinnästä muutamia ajatuksia.

Markkinat

Viestintävälineissä puhutaan ja kirjoitetaan päivittäin hyvin paljon markkinoista. Markkinat sanaa käytetään monessa eri yhteydessä, eikä aina ole aivan selvää missä meidän kaikkien elämään niin voimakkaasti vaikuttavat markkinat sijaitsevat. Ei ihmekään, sillä markkinat sanalla voidaan tarkoittaa ainakin kahdeksaa eri asiaa.

1. Markkinat ovat <u>kohderyhmiä ja kohdetilanteita</u>. Kohderyhmä voi olla esimerkiksi jokin erityinen demografinen ryhmä tai jollakin maantieteellisellä alueella asuvat ihmiset, jotka tuotteen tai palvelun myyjä kokee mahdolliseksi asiakkaakseen. Kohdetilanteet ovat erityisiä tarvetilanteita, jonka myyjän tarjoama tuote tai palvelu voi tyydyttää. Esimerkiksi auton huoltaminen tai korjaaminen voi synnyttää tarpeen sijaisautosta, jonka auton vuokraaminen voi tyydyttää.

2. Markkinat ovat <u>kauppapaikkoja</u>, jonne ihmiset kokoontuvat myymään ja ostamaan kuten torit, myyjäiset, huutokaupat, kioskit, kaupat, kauppahallit, myymälät, marketit, tavaratalot, ostos- ja kauppakeskukset, pörssit ja messut.

3. Markkinat ovat <u>jakelujärjestelmiä</u> kuten suoramyynti, jälleenmyynti, tukkumyynti, vuokraaminen, huutokauppa, postimyynti ja Internet. Esimerkiksi Internet pystyy välittämään digitaalisia tuotteita ja palveluja kuten tietokoneohjelmia, matkoja, musiikkia ja interaktiivisia palveluja.

4. Markkinat ovat <u>tuoteryhmiä, aloja ja segmenttejä</u>. Esimerkiksi kännykkämarkkinoille odotetaan taas paljon uutuuksia, meijerituotemarkkinoilla hinnat ovat nousseet ja polkupyörämarkkinat ovat vilkkaimmillaan keväällä. Tai autoala ja metsäteollisuus ovat taantumassa, kun taas kotimaan matkailu on lisääntynyt. Monella teknisellä alalla markkinat jaetaan kahteen segmenttiin – OEM-markkinoihin[4] ja jälkimarkkinoihin.

---

[4] Original Equipment Manufacturer, (tuotevalmistajat, jotka yhdistävät omaan tuotteeseensa muiden yritysten valmistamia osia)

5. Markkinat ovat <u>ajankohtia ja ajanjaksoja</u>. Joulumarkkinat ovat vähittäiskaupalle elintärkeät. Joulun jälkeen alkaa talven alennusmyyntikausi ja kesällä turisti- ja lomakausi on tietysti vilkkaimmillaan. Äitienpäivä on tärkeä kukkakauppiaille.

6. Markkinat ovat lukemattomista toimijoista koostuva <u>verkosto</u>, johon kuuluvat mm. yrityksen sidosryhmät. Yritykset pyrkivät verkottumaan itselleen tärkeiden toimijoiden joukkoon. Yhteistyöllä verkostonsa toimijoiden kanssa yritykset voivat siten vahvistaa asemaansa markkinoilla.

7. Markkinat on <u>paikka missä kaikki päätökset tehdään</u>. Silloin markkinat sijaitsevat nykyisten ja mahdollisten asiakkaittemme ajatuksissa. Sekä niiden henkilöiden ajatuksissa, jotka voivat vaikuttaa nykyisten ja mahdollisten asiakkaittemme päätöksiin. Eli fyysisesti markkinat sijaitsevat jossakin yllämainittujen henkilöiden korvien välissä. Aivotutkijat voisivat kenties osoittaa vieläkin täsmällisemmin markkinoiden sijainnin, mutta uskon, että tämä osoite on riittävän tarkka. Voimme myös olla varmoja siitä, että nämä markkinat ovat aina sijainneet tässä osoitteessa, eikä niiden muuttoa muualle ole näköpiirissä valtavasta teknisestä kehityksestä huolimatta.

8. Markkinat ovat <u>kansantalous</u>. Tässä tapauksessa markkinoista puhutaan korkeammalla käsitteellisellä tasolla. Kansantaloudessa markkinoilla vallitsee kysynnän ja tarjonnan vuorovaikutus ja näiden vuorovaikutus liiketoiminnan, talouksien, työllisyyden, talouspolitiikan ym. tekijöiden kanssa.

Asiakkaan kokeman hyödyn ymmärtämisen kannalta seitsemäs vaihtoehto on ainoa oikea lähtökohta. Kaikki ostopäätökset, niin hyvät kuin huonotkin, ovat asiakkaittemme ajatusten tulosta. Tämä pätee sekä B2B että B2C ympäristössä. Siksi kaikki aistimme ja viestimme on suunnattava tarkasti kohti aluetta, joka sijaitsee kohderyhmämme henkilöiden otsaluun takana. Meidän on pyrittävä selvittämään asiakkaamme ajatukset, sillä ne kertovat erittäin paljon asiakkaamme tarpeista ja haluista. Hyvin asetetut kysymykset ja kuunteleminen ovat tässä ylivoimaisesti parhaat työkalut. Ja näiden osaava ja ahkera käyttäminen on hyvän myyjän tunnusmerkki.

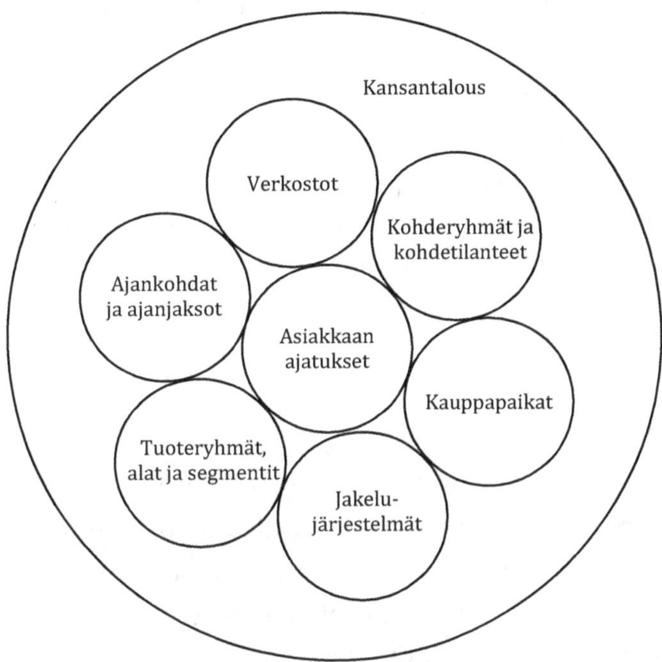

Markkinat sanalla voidaan tarkoittaa ainakin kahdeksaa eri asiaa. Asiakkaan kokeman hyödyn ymmärtämisen kannalta tärkeimmät markkinat sijaitsevat asiakkaan ajatuksissa, sillä kaikki päätökset tehdään aina jossakin aivojen osissa.

Hyödyt ja asemointi

Asemoinnilla (*positioning*) tarkoitetaan, minkä ennalta määritetyn käsityksen yritys haluaa luoda asiakaskunnalleen jostakin tuotteestaan tai palvelustaan. Viestinnässä korostetaan niitä tekijöitä, jotka vaikuttavat asemointiin. Olettakaamme, että markkinoilla on kaksi kilpailevaa tuotetta. Toinen mielletään turvallisena ja toinen urheilullisena. Markkinoille ilmestyy nyt kolmas yritys uudella tuotteellaan. Jos yritys pyrkii viestinnässään asemoimaan uuden tuotteensa jompaankumpaan jo olemassa olevaan ryhmään, uusi tuote ei kovinkaan selvästi erotu joukosta. Edullisempaa olisi luoda tuotteelle aivan uusi kiinnostava asema asiakaskunnan mielessä. Tuotteen on tietysti oltava asemointinsa mukainen, jotta tavoiteltu käsitys voidaan luoda ja ylläpitää.

Tuotteen tai palvelun hyödyt ja niiden prosessit sekä välinearvot ovat monipuolinen ja asiakaslähtöinen perusta asemoinnin suunnittelulle. Yhdistelemällä hyötyjä voidaan löytää lukuisia uusia asemoinnin vaihtoehtoja. Kovin monen tekijän valitsemista en halua suositella, sillä hyvään erottautumiseen riittää parikin tekijää. Lisäksi monien tekijöiden yhdistelmä voi estää asemoinnilta vaadittavan selkeyden ja johtaa varsin suureen hajontaan millaiseksi tuote tai palvelu asiakaskunnassa mielletään. Silloin asemointi on epäonnistunut. Vastaavasti asemointi on onnistunut kun asiakaskunnalla on yhdenmukainen ja yrityksen tavoitteiden mukainen käsitys tuotteesta tai palvelusta.

Käsitysten muokkaamiseen tarvitaan aina määrätietoista ja yhdenmukaista viestintää sekä paljon aikaa. Kun asiakaskunta on lopulta luonut käsityksen jostakin tuotteesta tai palvelusta, on sen muuttaminen erittäin vaikeaa. Siksi tuotteen tai palvelun asemointi on suunniteltava huolellisesti ja on myös otettava huomioon asemoinnin pitkäaikaiset vaikutukset.

Hyödyt ja mainonta

Italialainen vaatetusalan brändi Benetton toteutti 1980-luvulla hyvin poikkeuksellisen ja paljon keskustelua herättäneen kampanjan. Kampanjan mainoksissa ei esitelty yrityksen tuotteita, vaan visuaalisesti huomiota herättäviä kuvia, joissa kehuttiin olevan peräti taiteellisia arvoja. Huomion herättämisessä Benetton onnistui erinomaisesti. Sitä vastoin kampanjan vaikutus yrityksen tuotteiden myyntiin ei ollut odotusten mukainen - päinvastoin. Benetton lopetti harharetkensä ja palasi mainonnassaan alkuperäiseen tyyliinsä.

Mielestäni Benettonin kampanja on oiva esimerkki siitä, ettei pelkän huomion herättäminen ole samaa kuin myyvä mainos. Huomion herättäminen on itse asiassa varsin helppoa. Mutta huomion herättäminen ja samalla tuotteen kysynnän kasvattaminen on paljon haastavampi taitolaji. Mainoksen sisällöllä sekä miten ja missä se esitetään, on aina vaikutus tulokseen. Siksi usein kuultu lause *"ei ole tärkeää mitä meistä kirjoitetaan kunhan kirjoitetaan"* on erittäin vaarallinen ohjenuora.

Yleisesti voi todeta, että ennen mainoksen laatimista on tärkeää nähdä mitkä ovat tuotteen tai palvelun hyödyt. Yhtä tärkeää on nähdä mitkä ovat kyseisiin hyötyihin johtavat edut ja ominaisuudet sekä mitä välinearvoja kohderyhmän henkilöt erityisesti arvostavat. Jos nämä asiat eivät ole tiedossa tai ovat jäsennelty huonosti, voi mainoksestamme syntyä pahimmillaan epäjohdonmukainen sekamelska.

Saavuttaaksemme markkinat, tässä tapauksessa asiakkaamme otsaluun takana sijaitsevan tilan, on meidän esitettävä viestimme sopivalla tavalla. Ensinnäkin tiet kyseisille markkinoille kulkevat kuulo-, näkö-, haju-, maku- ja tuntoaistin kautta. Siksi viestimme on muotoiltava siten, että ne tarttuvat aisteihin. Toiseksi viestimme on erottauduttava edukseen tuhansien muiden kaupallisten viestien joukosta, joita asiakkaamme kohtaavat päivittäin. Tämä edellyttää, että viestimme sisältö on oltava mielenkiintoinen. Ja mikä olisikaan asiakkaan kannalta mielenkiintoisempaa kuin kertoa selkeästi tuotteen tai palvelun hyödyt asiakastamme miellyttävällä tavalla. On kuitenkin tilanteita, jossa on aina tarpeellista esittää ominaisuudet ja edut samanaikaisesti hyödyn kanssa. Kun asiakkaamme haluaa vertailla tarjolla olevia vaihtoehtoja, hänen huomionsa kiinnittyy mitattavissa oleviin tekijöihin, eli ominaisuuksiin ja etuihin. Esimerkiksi teknisissä tuotteissa korostetaan etuja ja ominaisuuksia sekä niiden määrää paremmuuden osoittamiseksi. Ja tietysti hinta on tekijä, joka on esitettävä vertailua varten. Muistathan, että lisäarvo on mikä tahansa muutos tuotteen lähde- tai käytännöntasolla, jonka asiakas ymmärtää vaikuttavan myönteisesti hänen kokemaansa hyötyyn. Siksi on tärkeää, että ymmärrämme hyötyihin johtavat prosessit ja mitä hyötyjä asiakkaamme arvostaa.

Kun tavoitteenamme on luoda mainos, jolla pyrimme vaikuttamaan asiakkaiden ostohalukkuuteen ja valintoihin, on hyvä syy pohtia miten sanomamme hyödyistä saadaan toimitettua perille. Mainoksemme toteuttamisen osalta lienee selvää, ettei kaikilla tiedotusvälineillä ole samoja edellytyksiä erilaisten tunteiden herättämiseen. Joskus paraskaan mainos ei riitä, vaan asiakkaalle on esimerkiksi tarjottava mahdollisuus testata tuotetta tai palvelua. Esimerkiksi autokauppiaat lähettävät usein kutsuja koeajoihin, tuotteita annetaan testattaviksi, myymälöissä annetaan maistiaisia yms.

Hyödyt ovat miellyttäviä tunteita, joita asiakkaamme haluavat alati kokea. Toisaalla edut ja ominaisuudet ovat hyödyn todistusaineistoa. Miten usein voimmekaan todeta mainoksissa vain todisteltavan! Voi tietysti olla, että tuotteen tai palvelun hyödyt ovat ilmeisiä, tai haluamme korostaa ominaisuuksia ja etuja vertailun helpottamiseksi. Mutta miksi jättäisimme mainoksessa hyödyn esittämättä? Mielestäni hyvä mainos herättää huomiota ja ilmaisee samalla mitä miellyttäviä tunteita, eli hyötyjä, joita tuote tai palvelu voi synnyttää. Asiakkaamme ovat aina kiinnostuneita tuotteen tai palvelun hyödyistä. Siksi ne tulisi esittää ensin, eli vastata aina kysymykseen *"Mitä minä tästä hyödyn?"*. Samalla on tietysti tärkeää, että asiakkaamme muistavat mainoksemme. Hyvä konteksti auttaa muistamista. Mainoksessa konteksti voidaan rakentaa hyödyn todistusaineistosta, siis kyseisen tuotteen tai palvelun eduista ja ominaisuuksista sekä asiakkaan arvostamista välinearvoista.

Hyödyt ja myyntityö

Myyjänä meidän on tunnettava tuotteemme tai palvelumme hyödyt ja niiden prosessit. Meidän on muistettava aina noudattaa välinearvoja, joita asiakkaamme arvostavat. Vuoropuhelussa asiakkaamme kanssa meidän esitettävä tarkoin harkittuja kysymyksiä ja selvitettävä mitä asiakkaamme tarvitsee ja mitä asioita hän arvostaa. Meidän on kuunneltava asiakastamme ja osoitettava että kuuntelemme. Tarvittaessa meidän on asetettava lisää kysymyksiä ja jatkettava asiakkaamme kuuntelemista. Asiakkaat arvostavat myyjiä, jotka ovat valmiit selvittämään heidän tilanteensa, tarpeensa ja halunsa. Onnistunut vuoropuhelu johtaa usein luonnostaan myönteiseen tulokseen.

Kartoituksen jälkeen voimme sopivassa järjestyksessä ottaa esille tuotteen tai palvelun hyödyt ja tarvittaessa käyttää todisteluun tuotteen tai palvelun etuja ja ominaisuuksia. Tässä on tärkeää ymmärtää, että edut ja ominaisuudet ovat joissakin tilanteissa tärkeämpiä esittää kuin hyöty. Ensinnäkin tuotteet, joita vertaillaan keskenään, paremmuuden arviointi suoritetaan relevanttien mitattavissa olevien tekijöiden perusteella, eli eduilla ja ominaisuuksilla. Toiseksi asiakkaallamme voi olla erittäin vaikea nähdä tuotteiden eroa. Silloin asiakkaamme päätös voi perustua ominaisuuksien lukumäärään, vaikka suuri osa olisi käytännössä epärelevantteja tekijöitä. Kolmanneksi, hinta on aina esitettävä ponnekkaasti, kun asiakkaamme asettaa taloudellisen hyödyn etusijalle. Hyödythän ovat tunteita, jotka eivät ole mitattavissa, eikä siten vertailtavissa keskenään.

> *Myyjällä on kaksi korvaa ja yksi suu. Vuoropuhelussa asiakkaan kanssa,*
> *niitä on hyvä käyttää samassa suhteessa.*

Yritysten välisessä kaupassa asiakkaamme voivat ostaa tuotteen moneen eri tarkoitukseen. Ensinnäkin, myydäkseen sen sellaisenaan eteenpäin (jakelu), Toiseksi, käyttääkseen sitä tuotannossaan (investointi, raaka-aine, komponentti ja energia). Kolmanneksi, päivittäiseen tarpeeseen (konttoritarvikkeet, pesuaineet ym.). Hyödyt, jotka liittyvät logistiikkaan ovat keskeisiä yritysten välisessä kaupassa, eli tekijät, jotka liittyvät maksu- ja toimitusehtoihin, ostotilausten tekemiseen, toimitustapaan, toimituskykyyn ja -varmuuteen, tuotevalikoimaan, toimitusmääriin, varaston kiertonopeuteen, pakkauksiin ja kierrätykseen. Yrityksen välisessä myynnissä myyjän on hallittava myös logistiikan perusteet ja mielellään osattava laskea logistiikan keskeisimmät tunnusluvut.

9 Hyötyjen selvittäminen

Tuotteiden hyödyt ja niiden prosessit

Mistä tahansa tuotteen ja palvelun hyödyt ja niiden prosessit voidaan selvittää. Paras tietolähde on luonnollisesti asiakas, mutta myös myyjät omaavat usein kokemusta jota voidaan käyttää hyötyjen selvittämiseen.

Kickbike potkulaudan hyödyt

Kickbike potkulauta on monipuolinen liikuntaväline ja kuuluu ns. *High-Involvement* -tuotteisiin. Sitä voidaan käyttää hyötyliikuntaan, kuntoiluun, retkeilyyn sekä kilpailemiseen (www.kickbike.com). Kickbike potkulaudan hyödyt on selvitetty. Seuraavassa ovat Kickbike potkulaudan hyödyt ja niiden prosessit.

Taloudelliset hyödyt ja niiden prosessit

Ominaisuus (lähdetaso)	Etu (käytännöntaso)	Hyöty (tunnetaso)
Hinta edullinen	Säästöä hankintakuluissa	Viisauden tunne
Käyttökulut	Pienet käyttökulut	Viisauden tunne
Matkakulut	Säästöä matkakuluissa	Viisauden tunne

Toiminnalliset hyödyt ja niiden prosessit

Ominaisuus (lähdetaso)	Etu (käytännöntaso)	Hyöty (tunnetaso)
Mitat ja rakenne	Helppo ottaa käyttöön	Mukavuuden tunne
Matala astinlauta ja rakenne	Helppoa ja nopeaa lähteä liikkeelle	Mukavuuden tunne
Mitat, paino ja rakenne	Helppo käsitellä ja käyttää	Mukavuuden tunne
Mitat, paino ja rakenne	Helppo käsitellä ja käyttää keskustassa	Mukavuuden tunne
Mitat, paino ja rakenne	Kätevä hyötyajoneuvo	Mukavuuden tunne
Mitat, paino ja rakenne	Kätevä harjoitteluvälineen ja hyötyajoneuvon yhdistelmä	Mukavuuden tunne
Komponenttien määrä ja rakenne	Vähän huoltoa ja helppo huoltaa	Mukavuuden tunne
Mitat, paino ja rakenne	Helppo ja kätevä kuljettaa	Mukavuuden tunne
Matala astinlauta ja rakenne	Helppoa pysyä pystyssä	Turvallisuuden tunne
Mitat, paino ja rakenne	Kevyt, mukava ja käytännöllinen harjoitteluväline	Mukavuuden tunne
Rakenne	Antaa monipuolisen harjoittelun	Täyttymisen tunne
Rakenne	Antaa kuntoa ja lihasvoimaa	Täyttymisen tunne
Rakenne	Täydentävää harjoittelua muihin lajeihin	Täyttymisen tunne
Rakenne	Soveltuu ylipainoisille ja loukkaantuneille	Mukavuuden/täyttymisen tunne
Rakenne	Hyvä kuntoutusväline määrätyille vammoille	Mukavuuden/täyttymisen tunne

Kokemusperäiset hyödyt ja niiden prosessit

Ominaisuus (lähdetaso)	Etu (käytännöntaso)	Hyöty (tunnetaso)
Laajennettu tuote	Hieno muotoilu ja kauniit värit	Nautinnon tunne
Rakenne	Elämyksellinen ajokokemus	Ilon/jännityksen tunne
Laajennettu tuote	Ihmisten reaktiot ja kommentit	Ilon tunne
Rakenne	Piristävää vaihtelua	Nautinnon tunne
Rakenne	Helpompi seurata ympäristöä ja nauttia siitä	Nautinnon tunne
Laajennettu tuote	Irtaantuminen arjesta	Vapauden tunne
Laajennettu tuote	Yhdessäolo muiden harrastajien kanssa	Ilo tunne

Symboliset hyödyt ja niiden prosessit

Ominaisuus (lähdetaso)	Etu (käytännöntaso)	Hyöty (tunnetaso)
Laajennettu tuote	Harrastuksessa on esikuvia	Itsetunto/yhteenkuuluvuuden kautta
Laajennettu tuote	Yhdessäolo muiden harrastajien kanssa	Itsetunto/yhteenkuuluvuuden kautta
Laajennettu tuote	Yhdessäolo perheen kanssa	Itsetunto/yhteenkuuluvuuden kautta
Laajennettu tuote	Urheiluvoittojen saavuttaminen	Itsetunto/muiden kunnioituksen kautta

Kickbike potkulaudan tarjoaa peräti yhdeksän hyötyä – viisauden, mukavuuden, täyttymisen, turvallisuuden, ilon, jännityksen, nautinnon ja vapauden tunteet sekä itsetunnon. Hyötyjen osalta tuotetta voidaan pitää varsin monipuolisena. Se voi antaa käyttäjälleen hyvän olon tunteen monella tavalla.

Prosessien johdatteleminen

On mahdollista, että tunnistat ensin tuotteen tai palvelun edut. Silloin voit käyttää mallia kyseisten etujen lähteiden ja hyötyjen tunnistamiseen. Esimerkiksi on mahdollista, että pidämme jotakin tuotetta entuudestaan mukavana. Toisin sanoen tunnistamme ensin hyödyn. Malli antaa silloin mahdollisuuden tunnistaa prosessin, joka johtaa mukavuuden tunteeseen. Tai jos tiedämme, että jollakin ajoneuvolla on lyhyt jarrutusmatka. Silloin voimme selvittää mitkä ominaisuudet synnyttävät kyseisen edun ja mihin hyötyyn kyseinen etu johtaa.

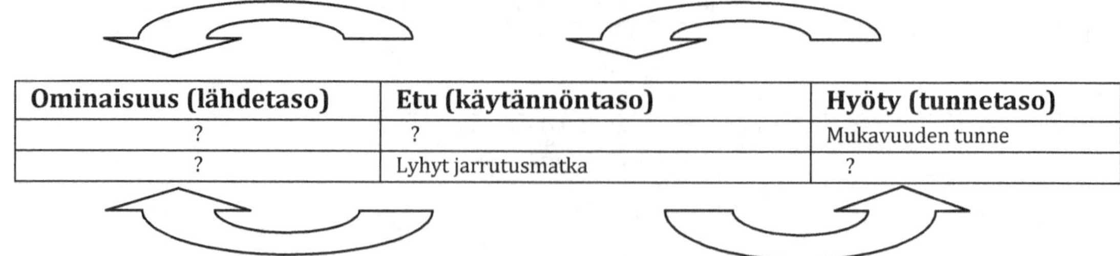

Ominaisuus (lähdetaso)	Etu (käytännöntaso)	Hyöty (tunnetaso)
?	?	Mukavuuden tunne
?	Lyhyt jarrutusmatka	?

Seuraavassa on viisi esimerkkiä miten prosessien kulkua voidaan selvittää johdattelemalla.

1. Hinta, edullinen tai kallis, on tuotteen tai palvelun ominaisuus. Varojemme säästämisen mahdollisuus on etu. Kun valitsemme edullisen vaihtoehdon ja säästämme, tunnemme olevamme viisaita. Viisauden tunne on hyöty. Matalin hinta ei kuitenkaan aina ole vaihtoehto, jolla säästämme eniten. Jokin kalliimpi vaihtoehto voi olla selvästi kestävämpi ja pitkäikäisempi. Tai kalliimman vaihtoehdon pienemmät käyttökustannukset voivat ajan myötä johtaa merkittävään säästöön. Tuotteen tai palvelun hinta ei siis yksin kerro mikä vaihtoehto johtaa lopulta parhaimpaan valintaan. Mutta kun olemme nähneet vaivaa selvittää edullisimman vaihtoehdon ja säästämme varojamme vieläkin enemmän, voimme tuntea itsemme varsin viisaaksi. Myös hankinnan ajoitus voi herättää viisauden tunteen. Jos maltamme odottaa alennusmyyntiin asti, voimme säästää varojamme ja tuntea itsemme muita viisaammaksi.

Ominaisuus (lähdetaso)	Etu (käytännöntaso)	Hyöty (tunnetaso)
Hinta (edullinen-kallis)	Säästöä	Viisauden tunne
Hinta/laatu suhde	Kestävä ja pitkäikäinen – säästöä ajan kanssa	Viisauden tunne
Käyttökulut	Pienet käyttökulut	Viisauden tunne

2. Kampaamopalvelu - kampaamon kanta-asiakaskortti voi tarjota mahdollisuuden rahan säästöön. Varojen säästäminen on etu. Viisauden tunne on vuorostaan siitä saatu hyöty. Kampaamon sisutus koostuu lukuisista ominaisuuksista. Näiden etuna voi olla miellyttävä ympäristö ja ilmapiiri. Näistä saatu hyöty on nautinnon tunne. Kampaamon laitteissa on monenlaisia ominaisuuksia. Pehmeä istuin on etu. Sen hyöty on mukavuuden tunne. Laitteiden säädettävyys on myös etu ja hyöty jälleen mukavuuden tunne. Käytettävät pesu- ja hoitoaineet koostuvat nekin monista ominaisuuksista. Aineiden hyvä tuoksu on etu ja hyöty nautinnon tunne. Lisäksi kyseiset aineet voivat olla testattuja ja mietoja, joka on etu. Nämä asiat voivat herättää turvallisuuden tunteen, joka on hyöty. Kampaamokäynnin etuna voi olla hetkellinen irtaantuminen kaikista arjen askareista, jolloin hyötynä on vapauden tunne. Kanta-asiakaskortin lisäksi kampaamon laajennettuja tuotteita voivat olla kahvitarjoilu, lehdet ja musiikki, jotka koostuvat lukuisista ominaisuuksista. Hyvänmakuinen kahvi, kiinnostavat lehdet ja rentouttava musiikki ovat etuja. Niiden hyöty ovat nautinnon tunne. Kun osaavan kampaajan ammattitaito johtaa asiakkaan toivomaan tulokseen, hyöty on asiakkaan täyttymyksen tunne ja itsetunnon vahvistuminen. Siten kampaamopalvelu voi tarjota ainakin seitsemän hyötyä – viisauden, mukavuuden, vapauden, täyttymisen, turvallisuuden ja nautinnon tunteet sekä itsetunnon vahvistumisen.

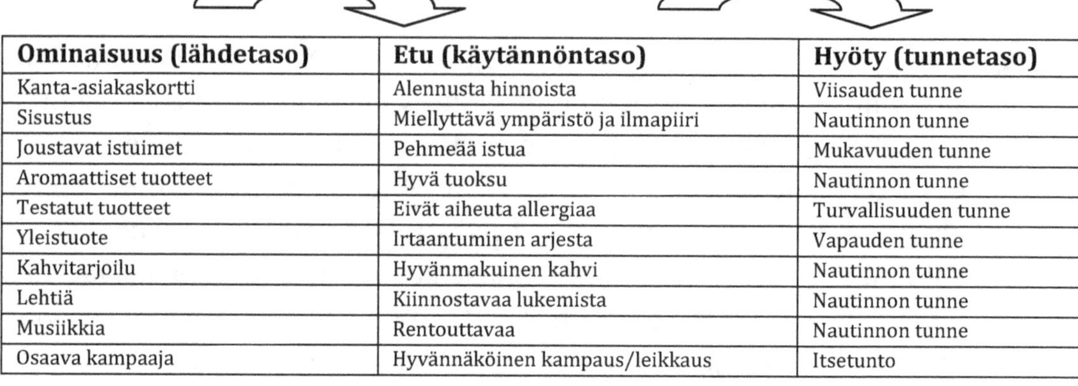

Ominaisuus (lähdetaso)	Etu (käytännöntaso)	Hyöty (tunnetaso)
Kanta-asiakaskortti	Alennusta hinnoista	Viisauden tunne
Sisustus	Miellyttävä ympäristö ja ilmapiiri	Nautinnon tunne
Joustavat istuimet	Pehmeää istua	Mukavuuden tunne
Aromaattiset tuotteet	Hyvä tuoksu	Nautinnon tunne
Testatut tuotteet	Eivät aiheuta allergiaa	Turvallisuuden tunne
Yleistuote	Irtaantuminen arjesta	Vapauden tunne
Kahvitarjoilu	Hyvänmakuinen kahvi	Nautinnon tunne
Lehtiä	Kiinnostavaa lukemista	Nautinnon tunne
Musiikkia	Rentouttavaa	Nautinnon tunne
Osaava kampaaja	Hyvännäköinen kampaus/leikkaus	Itsetunto

3. Palapelin ominaisuuksia ovat kuvan ja mittojen lisäksi palojen lukumäärä ja muoto. Pelissä ratkaistaan ongelmaa – etu on ratkaisun löytäminen, joka voi herättää täyttymyksen tunteen, joka kerta kun jokin pala löytää oikean paikkansa. Puhumattakaan täyttymyksen tunteesta kun koko palapeli saadaan valmiiksi. Ja täyttymyksen tunne on hyöty. Kokoamisen aikana joudumme jatkuvasti hakemaan ratkaisuja, jonka etu on mielekäs pohdinta. Tämän pohdinnan hyötyjä voivat olla jännityksen, ilon ja nautinnon tunteet. Palapelin kuva voi olla kaunis, joka on etu. Tämä voi myös johtaa nautinnon tunteeseen. Palapelin laajennettu tuote on ryhmä, joka on kokoontunut ratkaisemaan palapeliä. Ryhmän etuna on mahdollisuus vuorovaikutukseen. Vuorovaikutuksen hyöty voi olla sosiaalinen yhteenkuuluvuuden tunne, joka vahvistaa itsetuntoamme. Lisäksi voimme vuorovaikutuksen aikana kokea iloa ja tasavertaisuuden tunteen, jotka ovat hyötyjä. Palapeli voi siis tarjota ainakin kuusi hyötyä – täyttymisen, jännityksen, ilon, nautinnon ja tasavertaisuuden tunteen sekä itsetunnon vahvistumisen.

Ominaisuus (lähdetaso)	Etu (käytännöntaso)	Hyöty (tunnetaso)
Lukuisia paloja	Mielekästä pohdintaa	Nautinnon tunne
Laajennettu tuote	Hauskaa	Ilon tunne
Lukuisia paloja	Ratkaisun hakeminen	Jännityksen tunne
Lukuisia paloja	Ratkaisun löytyminen	Täyttymyksen tunne
Tuotteen kuva	Kaunis kuva	Nautinnon tunne
Laajennettu tuote	Kaikki voivat osallistua	Tasavertaisuuden tunne
Laajennettu tuote	Yhdessäoloa	Itsetunto

4. Kotivakuutus on aineeton tuote. Vakuutuksen ominaisuudet ovat sen ehdot. Vahingot, jotka vakuutus korvaa antavat taloudellisen suojan ja säästävät varojamme. Nämä ovat vuorostaan vakuutuksen etuja. Vakuutuksen hyötyjä ovat siksi turvallisuuden tunne ja viisauden tunne. Myös vakuutusyhtiön sijainti ja asiakaspalvelun aukioloaika (nykyisin myös yhtiön kotisivut) ovat ominaisuuksia. Kun nämä sopivat meille hyvin on vakuutuksen

tarkistaminen, ottaminen ja vahinkoilmoituksen tekeminen helppoa. Nämä ovat etuja. Mukavuuden tunne on näistä eduista saatu hyöty. Erilaisten vakuutusten keskittäminen samaan yhtiöön voi antaa alennusta vakuutusmaksuissa, joka on etu. Viisauden tunne on tästä saatu hyöty. Vakuutuksiin voi liittyä myös laajennettuja tuotteita, jotka voivat olla muiden etujen ja hyötyjen lähteitä.

Ominaisuus (lähdetaso)	Etu (käytännöntaso)	Hyöty (tunnetaso)
Aineeton tuote	Taloudellinen suoja	Turvallisuuden tunne
Aineeton tuote	Säästää varojamme	Viisauden tunne
Nettipalvelu	Helppo hoitaa	Mukavuuden tunne
Keskittäminen	Alennus maksuista	Viisauden tunne

5. Itsetuntoon ja sen vahvistamiseen liittyy kaksi ulottuvuutta – egoistinen ja sosiaalinen. Egoistisessa korostuu erottautumiseen tarve ryhmästä ja sosiaalisessa yhteenkuuluvuuden tarve ryhmään. Tässä prosessissa ominaisuus on jokin erityinen statusta herättävä piirre tuotteessa tai palvelussa. Se voi olla esimerkiksi brändi tai tuotteeseen liitetty esikuva. Erottautuminen ja yhteenkuuluvuus ovat etuja. Kun ostamme luksustuotteen, esimerkiksi brändin, joita harvat muut omistavat, on meillä mahdollisuus erottautua ryhmästämme. Vastaavasti voimme ostaa jonkin brändin, jolla voimme viestittää yhteenkuuluvuutta johonkin esikuvaan tai ryhmään.

Logistiset hyödyt ja niiden prosessit

Toimintaansa varten yritykset tarvitsevat erilaisia tuotteita ja palveluja muilta yrityksiltä. Valmistavat yritykset investoivat tuotantovälineisiin ja ostavat raaka-aineita ja tarvikkeita tuotteiden valmistusta varten. Jakelijat ostavat tuotteita myydäkseen niitä edelleen. Kaikille yrityksille on erittäin tärkeää, että heidän kaikki tuotantolaitteensa ja toimitusketjunsa prosessit toimivat tuloksellisesti. Mittareina prosessien laadusta ovat mm. tilaus- ja toimituskustannukset, toimittajien toimitusvarmuus ja varastojen kiertonopeus. Seuraavassa on esimerkkejä hyödyistä, jotka ovat johdateltavissa tieto-, materiaali- ja pääomavirran ominaisuuksista. Taloudellinen hyöty ja toiminnalliset hyödyt ovat keskeisiä logististen lähteiden hyödyille.

Tietovirta

Ominaisuus (lähdetaso)	Etu (käytännöntaso)	Hyöty (tunnetaso)
Tilauskeskus ostotilauksia varten	Tilausten nopea käsittely	Täyttymyksen tunne
Tilauskeskus ostotilauksia varten	Helppo tehdä tilaus	Mukavuuden tunne
Tekninen neuvonta	Helppo saada tarvittavaa tietoa	Mukavuuden tunne
Tekninen neuvonta	Nopeaa saada tarvittavaa tietoa	Täyttymyksen tunne
Tekninen neuvonta	Luotettavaa tietoa	Turvallisuuden tunne
Viivakoodi	Helppo käsitellä	Mukavuuden tunne
Viivakoodi	Nopea – säästöä käsittelyajassa	Viisauden tunne
Viivakoodi	Oikeat tiedot	Turvallisuuden tunne
Seurantakoodi	Toimituksen helppo paikallistaminen	Mukavuuden tunne
Valmistusnumero	Tuotteen valmistuksen tunnistaminen	Turvallisuuden tunne
Tilausvahvistus	Varmuus vastaanotetusta ostotilauksesta	Täyttymyksen tunne

Materiaalivirta

Ominaisuus (lähdetaso)	Etu (käytännöntaso)	Hyöty (tunnetaso)
Yksi toimittaja	Säästöä tilauskustannuksissa	Viisauden tunne
Yksi toimittaja	Säästöä rahtikuluissa	Viisauden tunne
Yksi toimittaja	Edulliset ehdot	Viisauden tunne
Yhdistetty varasto/tukku/myymäläpakkaus	Säästöä käsittelykuluissa	Viisauden tunne
Yhdistetty varasto/tukku/myymäläpakkaus	Helppo käsitellä	Mukavuuden tunne
Kysyntää vastaavat toimitusmäärät	Hyvä kiertonopeus	Viisauden tunne
Varmuusvarasto	Nopea toimituskyky	Turvallisuuden tunne
Kierrätyskelpoinen laatikko	Säästöä jätekuluissa	Viisauden tunne
Rullakko	Helppo käsitellä	Mukavuuden tunne
Rullakko	Nopea – säästöä käsittelyajassa	Viisauden tunne
Paikoitustilat	Helppo asioida	Mukavuuden tunne
Leveät myymäläkäytävät	Helppo liikkua	Mukavuuden tunne
Laaja tuotevalikoima	Kaikki tarvittava samalla kertaa	Täyttymyksen tunne
Laaja tuotevalikoima	Kaikki helposti	Mukavuuden tunne

Pääomavirta

Ominaisuus (lähdetaso)	Etu (käytännöntaso)	Hyöty (tunnetaso)
Luotollinen maksuehto	Korotonta maksuaikaa	Viisauden tunne
Pankin maksupalvelu	Maksaminen helppoa	Mukavuuden tunne
Pankin maksupalvelu	Maksut ajallaan	Turvallisuuden tunne
Pankin maksupalvelu	Yhdellä sopimuksella hoidettu	Täyttymyksen tunne

Sosiaaliset hyödyt ja niiden prosessit

Asiakkaamme arvostavat aina hyvää asiakaspalvelua. Hyvän asiakaspalvelun avulla voimme siksi saavuttaa merkittävää kilpailukykyä. Asiakaspalvelussa ja muillakin elämänaloilla pidämme asennearvoja muiden välinearvojen perustana. Voimme kaikki kehittää välinearvojamme entistä paremmaksi. Tässä koulutuksella on merkittävä asema, erityisesti osaamisarvojen kehittämisessä, joihin kuuluu mm. myyntitaidot. Lisäksi tähän ryhmään kuuluvat tuoteosaaminen ja kykymme ymmärtää asiakkaamme tarpeet ja löytää niihin ratkaisuja. Välinearvojen kehittäminen onkin jatkuvaa oppimista. Niitä on myös harjoiteltava samalla tavalla kuin urheilijat, jotka pyrkivät saavuttamaan parempia tuloksia. Olettamus, että olemme oppineet jo kaiken tarvittavan, on hyvin vaarallista. Ylimielisyys voi silloin valtaa mielemme, jonka seurauksena myös oppimisemme vaikeutuu. Muistathan asiakaspalvelun määritelmän – yksilön ja ryhmän halukkuus ja kyvykkyys. Näitä asioita on alati vaalittava ja kehitettävä, jotta asiakkaamme saavuttavat kaikki kaipaamansa hyödyt.

Seuraavassa taulukossa ovat asenne-, käyttäytymis-, luotettavuus-, osaamis- ja ympäristöarvot ja käsitykseni mitä asiakkaan kaipaamia hyötyjä kullakin arvolla voidaan herättää.

Hyödyt				
Mukavuuden tunne Täyttymisen tunne Turvallisuuden tunne Vapauden tunne	Mukavuuden tunne Täyttymyksen tunne Turvallisuuden tunne Nautinnon tunne Vapauden tunne Ilon tunne Itsetunto	Turvallisuuden tunne Tasavertaisuuden tunne	Mukavuuden tunne Täyttymisen tunne Turvallisuuden tunne Nautinnon tunne Vapauden tunne	Viisauden tunne Turvallisuuden tunne
⇕	⇕	⇕	⇕	⇕
Asennearvot	**Käyttäytymisarvot**	**Luotettavuusarvot**	**Osaamisarvot**	**Ympäristöarvot**
Ahkera ja aktiivinen Ennakkoluuloton Itsensä hallitseva, eli itsekurin noudattaminen Kunnianhimoinen ja eteenpäin pyrkivä Määrätietoinen ja rohkea	Anteeksiantava Avulias Iloinen Kohtelias ja huomaavainen Kuuntelevainen Nöyrä Siisti ja puhdas Ystävällinen	Rehellinen, vilpitön ja totuudenmukainen Oikeudenmukainen Velvollisuudentunteinen Vastuullinen ja sanansa pitävä Uskollinen itselleen ja muille Luottavainen muita kohtaan	Osaava ja taitava alallaan Tehokas ajankäytössä ja prosessien hallinnassa Vuorovaikutustaitoinen Harkitseva ja älykäs Luova ja mielikuvituksellinen Johdonmukainen ja järkiperäinen	Luonnon resurssien säästäminen ja niiden järkevä käyttö Ympäristön suojelu saasteilta
Välinearvot				

Kaikilla välinearvoilla voidaan herättää asiakkaassamme turvallisuuden tunne. Käyttäytymisarvoilla voimme herättää varsin suuren määrän hyötyjä. Vaikka luotettavuus- ja ympäristöarvoillamme voimme herättää asiakkaassamme vain kaksi hyötyä, eivät nämä arvoryhmät ole muita vähäpätöisempiä – päinvastoin. Turvallisuuden tunne on tärkeimpiä asiakkaamme kaipaamia hyötyjä. Kun kohtaamme asiakkaamme voi olla vaikeaa havaita, kaipaako asiakkaamme meissä jotakin erityistä välinearvoa enemmän kuin muita. Tähän haluan todeta, että hyvä asiakaspalvelu koostuu aina kokonaisuudesta, jossa kaikilla välinearvoilla on oma tärkeä osuutensa. Eli käytä niitä vuorollaan tilanteen mukaan. Muista että kaikki hyödyt ovat tunteita – ja asiakkaasi ostaa aina hyödyn. Hyvällä asiakaspalvelulla voit aina vaikuttaa siihen, että asiakkaasi kiinnostuu ostamaan tuotteen tai palvelun sinulta, eikä kilpailijaltasi.

Muistilista

Yrityksen johdolle

- Selvitä asiakaskuntasi arvostamat välinearvot ja liitä ne yrityksesi arvoihin.
- Laadi koko henkilökunnallesi koulutusohjelma välinearvojen kehittämiseksi.
- Noudata itse välinearvoja esimerkillisesti.
- Laadi suunnitelma hyötyjen ja niiden prosessien selvittämiseksi.
- Kehitä hyötyjä koulutuksen, tuotekehityksen ja verkostoitumisen avulla.

Markkinointiviestin laatijalle

- Selvitä tuotteen ja palvelun sekä logistiset hyödyt ja niiden prosessit.
- Käytä hyötyjä ja niiden prosesseja markkinointiviestisi ja tuotteen asemoinnin suunnitteluun. Huomioi edut ja ominaisuudet tilanteissa, joissa asiakas ymmärtää hyödyn ja perustaa päätöksensä etuihin ja ominaisuuksien vertailuun ja määrään.
- Markkinointiviestisi suunnittelussa pohdi mikä keino on sopiva kunkin hyödyn esittämiselle; teksti, kuva, elävää kuvaa, kokeilua, kokemista tai näiden yhdistelmiä. Valitse samalla sopivat viestintävälineet.
- Valitse markkinointiviestisi aihepiiri tuotteen käytöstä, eduista ja ominaisuuksista.
- Esitä hyödyt ja todista hyödyt eduilla ja ominaisuuksilla.

Myyjälle

- Kehitä jatkuvasti vuorovaikutustaitojasi.
- Pyri aina luomaan hyvä ilmapiiri käyttämällä välinearvoja, joita tiedät asiakkaasi arvostavan.
- Opi tuotteittesi ja palveluittesi hyödyt sekä logistiset hyödyt ja niiden prosessit. Huomioi edut ja ominaisuudet tilanteissa, joissa asiakas ymmärtää hyödyn ja perustaa päätöksensä etuihin ja ominaisuuksien vertailuun ja määrään.
- Laadi lista asianmukaisista kysymyksistä ja opi käyttämään niitä.
- Selvitä myyntitilanteessa asiakkaasi arvostamat hyödyt.
- Kuuntele asiakastasi tarkasti ja osoita myös, että kuuntelet.
- Esitä aina hyödyt ja todista hyödyt eduilla ja ominaisuuksilla.

Sanasto

Suomi	Svenska	English
Aineellinen tuote	Fysisk produkt	Physical product
Aineeton tuote	Immateriell produkt	Immaterial product
Arvo ja arvot*	Värde och värden	Value and values
Asemointi	Positionering	Positioning
Asennearvot	Attitydvärden	Attitude values
Asiakaslähtöisyys	Kundinriktning	Customer orientation
Asiakaspalvelu	Kundbetjäning	Customer service
Asiakkaan kokemien hyötyjen tunnistamismalli	Modellen för identifiering av kundupplev nytta	A model for identifying customer benefits
Brändi	Brand	Brand
Ensivaikutelma	Första intryck	First impression
Erilaistaminen	Differentiering	Differentiation
Etu	Fördel	Advantage
Halu	Begär	Want
Hyvän olon tunne	Bra känsla	Good feeling
Hyöty	Nytta	Benefit
Ilon tunne	Känslan av glädje	Feeling of joy
Itsetunto	Självkänsla	Self-esteem
Jakelujärjestelmä	Distributionssystem	Distribution system
Jännityksen tunne	Känslan av spänning	Feeling of excitement
Kauppapaikka	Handelsplats	Market place
Kohderyhmä	Målgrupp	Target group
Kohdetilanne	Målsituation	Target situation
Kokemusperäinen hyöty	Erfarenhetsmässig nytta	Experiential benefit
Kuluttaja	Konsument	Consumer
Käsite	Begrepp	Concept
Käyttäytymisarvot	Beteendevärden	Behaviour values
Käytännön taso	Praktisk nivå	Practical level
Laajennettu tuote	Utökade produkten	Augmented product
Lähdetaso	Källnivå	Source level
Lisäarvo	Mervärde	Added value
Logistiikka	Logistik	Logistics
Luotettavuus	Pålitlighet	Reliability
Luotettavuusarvot	Pålitlighetsvärden	Reliability values
Mainos	Reklam	Advertisement
Mahdollinen tuote	Möjlig produkt	Potential product
Markkinat	Marknaden	Market
Materiaalivirta	Materialflöde	Flow of material
Mielenyhtymä	Tankeanknytning	Association
Moraaliarvot	Moralvärden	Moral values
Mukavuuden tunne	Känslan av bekvämlighet	Feeling of comfort
Myynti	Försäljning	Sale
Määritelmä	Definition	Definition
Nautinnon tunne	Känslan av njutning	Feeling of pleasure
Objektiivinen hyötyprofiili	Objektiv nyttoprofil	Objective benefit profile
Ominaisuus	Egenskap	Feature, attribute
Osaamisarvot	Kunskapsvärden	Knowledge values
Prosessi	Process	Process
Päämääräarvot	Terminalvärden	Terminal values
Pääomavirta	Kapitalflöde	Flow of capital

---

* Sanoilla on useita määritelmiä. Tässä yhteydessä on kysymyksessä arvomaailmaan liittyvä arvo(t).

Ryhmittely	Gruppering	Grouping
Sidosryhmä	Intressentgrupp	Reference group
Sisäisen tasapainon tunne	Känslan av inre harmoni	Feeling of inner harmony
Subjektiivinen hyötyprofiili	Subjektiv nyttoprofil	Subjective benefit profile
Symbolinen hyöty	Symbolisk nytta	Symbolic benefit
Taloudellinen hyöty	Ekonomisk nytta	Economic benefit
Tarve	Behov	Need
Tasavertaisuuden tunne	Känslan av likställdhet	Feeling of equality
Tavaramerkki	Varumärke	Trade mark
Tietovirta	Informationsflöde	Flow of information
Tilauskustannukset	Orderkostnaderna	Order costs
Toiminnallinen hyöty	Funktionell nytta	Functional benefit
Toimitusketju	Distributionskedja	Supply chain
Toimitusvarmuus	Leveranssäkerhet	Reliability of delivery
Toimituskustannukset	Leveranskostnaderna	Delivery costs
Tuloksellisuus	Resultatrik	Successful
Tunnetaso	Känslonivå	Emotional level
Tuotelähtöisyys	Produktinriktning	Product orientation
Turvallisuuden tunne	Känslan av trygghet	Feeling of safety
Tyytyväisyyden tunne	Känslan av välbehag	Feeling of satisfaction
Täyttymisen tunne	Känslan av fullbordan	Feeling of accomplishment
Ulottuvuus	Dimension	Dimension
Uskottavuus	Trovärdighet	Credibility
Vapauden tunne	Känslan av frihet	Feeling of freedom
Varaston kiertonopeus	Lageromsättningshastighet	Inventory turnover
Verkosto	Nätverk	Net work
Viisauden tunne	Känslan av visdom	Feeling of wisdom
Vuorovaikutus	Interaktion	Interaction
Välinearvot	Instrumentella värden	Instrumental values
Ydinhyöty	Kärnnytta	Core benefit, core product
Ydintaso	Kärnnivå	Core level
Yhteistyö	Samarbete	Co-operation
Yleistuote	Basprodukt	Generic product
Ympäristöarvot	Miljövärden	Environmental values
Yritysten välinen kaupankäynti B2B)	Business to business (BtoB, B2B)	Business to Business (BtoB,

Lähteet

Artikkelit

Agres, Stuart J.; Dubitsky, Tony M. (1996) Changing Needs for Brands, *Journal of Advertising Research*, pp 21-30

Bloch, Peter H.; Richins, Marscha L. (1983) A Theoretical Model for the Study of Product Importance Perceptions, *Journal of Marketing*, Vol. 47 Issue 3, pp. 69-81

Botschen, Günther; Thelen Eva M.; Pieters, Rik (1999) Using means-end structures for benefit segmentation: an application to services, European Journal of Marketing, Vol. 33 No. ½, pp. 38-52

Green, Paul E.; Wind, Yoram; Jain, Arun K. (1972) Benefit Bundle Analysis, *Journal of Advertising Research*, Vol. 12 Issue 2, p31, 6p

Gutman, Jonathan (1982) A Means-End Chain Model Based on Consumer Categorization Processes, *Journal of Marketing*, Vol. 46 (Spring 1982), pp. 60-72

Gutman, Jonathan (1991) Exploring the Nature of Linkages Between Consequences and Values, *Journal of Business Research*, pp. 143-148

Haley, Russel I. (1968) Benefit Segmentation: A Decision-oriented Research Tool, *Journal of Marketing*, Vol. 32 (July 1968), pp. 30-35

Haley, Russel I. (1971) Beyond Benefit Segmentation, *Journal of Advertising Research*, Vol. 11 Issue 4, p3, 6p,

Haley, Russel I. (1983) Benefit Segmentation – 20 Years Later, *Journal of Consumer Marketing*, Vol. 1, Issue 2, p5, 9p

Hirschman, Elisabeth C.; Holbrook, Morris B. (1982) Hedonic Consumption: Emerging Concepts, Methods and Propositions, *Journal of Marketing*, 32 (Summer), pp 30-5

Johnson, Michael D. (1989) On the Nature of Products Attributes and Attribute Relationships, *Advances in Consumer Research*, Vol. 16 Issue 1, p. 598

Levitt, Theodore (1980) Marketing Success through Differentiation – of Anything, *Harvard Business Review*, (January-February), pp 83-91

Levy, Sidney J. (1959), Symbols for Sale, *Harvard Business Review*, 37 (July-August), pp 117-119

Myers, James H. (1976) Benefit Structure Analysis: A New Tool for Product Planning, *Journal of Marketing*, 40 (October), pp. 23-32

Park, C. Whan; Jaworski, Berhard J.; MacInnis, Deborah J. (October 1986) Strategic Brand Concept-Image Management, *Journal of Marketing* 50: pp 135-145

Reynolds, Thomas J.; Gutman, Jonathan (1988) Laddering Theory, Method, Analysis, and Interpretation, *Journal of Advertising Research*, pp. 11-31

Reynolds, Thomas J.; Gengler Charles E.; Howard Daniel J. (1995) A means-end analysis of brand persuasion through advertising, *International Journal of Research in Marketing*, Vol. 12, Issue 3, p 257, 10 p

Sheth, Jagdish N.; Newman, Bruce I.; Gross, Barbara L. (1991) Why We Buy What We Buy: A Theory of Consumption Values, *Journal of Business Research* 22, pp. 159-170

Siegel, Carolyn F.; Powers Richard (1991) FAB: A Useful Tool for the Job-seeking Marketing Students, *Marketing Education Review*, Winter 1991, Vol. 1 Issue 2, p 60

Solomon, Michael R. (1983) The Role of Products as Social Stimuli: A Symbolic Interactionism Perspective, *Journal of Consumer Research* 10: pp 319-329

Vinson, Donald E.; Scott Jerome E.; Lamont, Lawrence M. (1977) The Role of Personal Values in Marketing and Consumer Behavior, *Journal of Marketing*, pp. 44-50

Wansink, Brian (2003) Using laddering to understand and leverage a brand's equity, *Qualitative Market Research: An International Journal*, Vol. 6 Issue 2, p. 111

Young, Shirley; Feigin, Barbara (1975) Using the Benefit Chain for Improved Strategy Formulation, *Journal of Marketing*, Vol. 3 Issue 3, pp. 72-74

Zeithaml, V.A. (1988) Consumer Perceptions of Price, Quality, and Value: A Means-End Model and Synthesis of Evidence, *Journal of Marketing*, Vol 52, pp. 2-22

Kirjat

Aaker, A. David (1996) *Building Strong Brands,* The Free Press

Arnould, Eric J.; Price, Linda L.; Zinkhan, George M. (2004) *Consumers*, 2nd edition, McGraw-Hill/Irwin

Balsley, Ronald D.; Birsner, Patricia E. (1987) *Selling: Marketing Personified*, The Dryden Press, Chicago

Futrell, Charles M. (1984) *Fundamentals of Selling*, Homewood, IL:Irwin

Futrell, Charles M. (2006) *Fundamentals of Selling*, 9th edition, Homewood, McGraw-Hill/Irwin

Gustafsson, Conny; Rennemark, Rune (2002) *Säljande reklam.* Liber AB, Malmö

Ilmonen, Kaj (2007) *Johan on markkinat – kulutuksen sosiologista tarkastelua,* Vastapaino, Tampere

Kahle, Lynn R. (1983) *Social Values and Social Change: Adaption to Life in America,* Praeger Publishers, New York

Karrus, Kaij E. (2005) *Logistiikka,* Werner Söderström Osakeyhtiö

Kotler, Philip (2003) *Marketing Management,* 11th edition, Prentice Hall International Editions

Keller, Kevin Lane (2003) *Strategic Brand Management: Building, Measuring, and Managing Brand Equity,* 2nd edition, Prentice Hall

Maslow, Abraham H. (1970) *Motivation and Personality,* 2nd edition, Harper & Row, Publishers

Peter, Paul J.; Olson Jerry C. (1996) *Consumer Behaviour and Marketing Strategy,* 4th Edition, Irwin

Peter, Paul J.; Olson Jerry C.; Grunert, Klaus G. (1999) *Consumer Behaviour and Marketing Strategy,* European Edition, McGraw-Hill

Rokeach, Milton (1973) *The Nature of Human Values,* The Free Press, New York

Rokeach, Milton (1979) *Understanding Human Values, Individual and Societal,* The Free Press, New York

Opinnäytteet ja väitöskirjat

Baker, Susan (1996) *Extending Means-End Theory Through an Investigation of the Consumer Benefit/Price Sensitivity Relationship in Two Markets,* A PhD dissertation at the Cranfield University

Henriksson, Robert (2005) *Identifiering av kundupplevd nytta: En studie om upplevd nytta med Kickbike sparkcykeln,* en avhandling vid Svenska handelshögskolan

Sanakirjat ja sanastot

AMA (American Marketing Association)
http://www.marketingpower.com/live/mg-dictionary.php, (tiedot otettu 30.5.2005)

Bonniers stora lexikon (1987) Bonnier Fakta Bokförlag, Stockholm

Bonniers svenska ordbok (1991) Bonnier Fakta Bokförlag, Stockholm

Bonniers synonymordbok, Walter, Göran (2000) Albert Bonniers Förlag, Stockholm

Chambers English Dictionary, 7th edition (1988) W & R Chambers Ltd and Cambridge University Press

Dictionary of Marketing Terms (1981) Shapiro, Irving J., Fourth Edition, Littlefield, Adams & Company, Totowa, N.J.

MAANZ (The Marketing Association of Australia & New Zealand) http://www.marketing.org.au/glossaries.aspx, (tiedot otettu 30.5.2005)

Nationalencyklopedin (1994) Bokförlaget Bra Böcker, Höganäs

Norstedts svenska ordbok (1991) Språkdata, Sture Allén och Nordstedts Förlag AB

Nykysuomen sanakirja (1961), Kolmas painos, Suomalaisen Kirjallisuuden Seura, Werner Söderström Osakeyhtiö

Oxford Textbook of Marketing (2000), Blois, Keith; Dibb, Sally; Oxford University Press/Books, p380, 34p

Svensk ordbok (1986) Språkdata och Esselte Studium AB

Suulliset lähteet

Futrell, M. Charles, markkinoinnin professori, Lowry Mays College & Graduate School of Business at Texas A&M University, sähköposti 18.3.2005

Yritykset ja liitot

Kickbike Worldwide Oy, www.kickbike.com

* * *